W0095794

Dem Andenken
des österreichischen Philosophen
Max Adler

NORBERT LESER
GOTT LÄSST GRÜSSEN

NORBERT LESER

GOTT LÄSST GRÜSSEN

Wider die Anmaßung des Reduktionismus und Evolutionismus

Mit einem Geleitwort von
Anton Zeilinger

Mitarbeit:
Paul R. Tarmann

ibera verlag, wien

Herausgegeben mit der großzügigen Unterstützung der
Wissenschafts- und Forschungsförderung
der Kulturabteilung der Stadt Wien,
der der Verlag zu besonderem Dank verpflichtet ist.

*

Der Dank des Verlages gilt auch
Herrn DDr. MMMag. Paul R. Tarmann,
für die wertvolle Mithilfe bei der Umsetzung dieses Projekts.

© Copyright 2013 by Ibera Verlag/EUP
1. Aufl. Wien : Ibera-Verl., 2013
Norbert Leser: Gott läßt grüßen.
Wider die Anmaßung des Reduktionismus
und Evolutionismus
ISBN 978-3-85052-323-3

Coverbild: Michelangelo Buonarroti, Sixtinische Kapelle,
Die Erschaffung des Adam (1512)
Herstellung: Graphik & Buchdesign
Druck: Druckerei Theiss, St. Stefan im Lavanttal

Alle Rechte vorbehalten, auch der auszugsweisen
Wiedergabe in Print- oder elektronischen Medien.
www.ibera.at

Inhalt

1. Persönliche Vorbemerkungen

Auch seit dem 2001 im Verlag va bene veröffentlichten Buch „Gottes Türen und Fenster" mit dem Untertitel „Ein erneuter Blick auf die Gottesbeweise" aus meiner Feder habe ich mich weiterhin bemüht, in der Öffentlichkeit jenen entgegenzutreten, die aus dem Scheitern der klassischen Gottes-Beweise als B e w e i s e, nicht als bloße Vernunftüberlegungen – besonders in der Gestalt der „quinquae viae", der fünf Vernunftwege zu Gott, nach dem in der christlichen Tradition so einflussreichen hl. Thomas von Aquin –, den falschen und voreiligen Schluss ziehen, dass die den Gottesbeweisen zugrundeliegenden Überlegungen auch als Plausibilitätsargumente ausgedient haben und es nicht auch andere Vernunftwege zu Gott gibt (z. B. nach Leszek Kołakowski und Robert Spaemann).

Zur Verdeutlichung des geistigen Zusammenhanges, der immer wieder neue Überlegungen gebiert, die zu Gott führen und in ihn münden, lässt sich das antike Bild der Hydra heranziehen: So wie bei der Hydra anstelle wirklich oder vermeintlich abgeschlagener Köpfe immer wieder neue nachwachsen, so gibt es, wie die Beispiele Kołakowski und Spaemann zeigen, originäre und nicht auf die bisherige Tradition reduzierbare Zugänge, die allesamt demonstrieren, dass das „unsterbliche Gerücht" von und über Gott, von dem Spaemann schreibt, nicht verstummt, sondern in und mit immer neuen Zungen Nachschub und Nahrung erhält.

Der erste dieser religionsphilosophischen Beiträge, mit denen ich an die Öffentlichkeit ging, erschien 2006 in der Festschrift zum 70. Geburtstag von Bischof Egon Kapellari „Identität und offener Horizont" unter dem programmatischen Titel „Wider die Anmaßung der Allwissenheit der Wissenschaft"; der zweite in der „Wiener Zeitung" vom 17. 8. 2007 unter dem Titel „Die Illusion der Materialisten" als Antwort auf die vorherigen Ausführungen des Evolutionstheoretikers Franz M. Wuketits über die Freiheit des Willens, die vom materialistisch gesinnten Autor natürlich als – wenn auch nützliche – Illusion abgetan werden musste; der dritte in der „Presse" vom 7. 11. 2009 unter der Überschrift „Über den Wassern" als Antwort auf den Beitrag des materialistisch gesinnten und im Übrigen auch nietzscheanisch geprägten Philosophen Rudolf Burger, der sich ebenfalls auf die verneinte Willensfreiheit bezog. Meine damaligen Antworten sollten aber nicht bloß eine Verteidigung der von meinen Vorgängern geleugneten Willensfreiheit sein, sondern diese wichtige Detailfrage zum Anlass nehmen, den dieser Leugnung zugrunde liegenden materialistisch-monistischen Ansatz schon in seinen Grundlagen in Frage zu stellen.

Diese drei Beiträge stellte ich dem mir von einigen Begegnungen, darunter in einer Kirche, bekannten und berühmten Physiker Anton Zeilinger zur Verfügung und erbat sein kritisches Urteil. Da dieses nach Lektüre meiner Kurzfassungen positiv ausfiel und er meine Gedankengänge für tragfähig und ausbauwürdig erklärte, fasste ich den Mut, meine da und dort verstreuten Gedanken, wenn auch nur in konziser und knapper Form, zusammenzufassen, zumal mir Anton Zeilinger ein Geleitwort zu meinem Büchlein versprach und diese Zusage dankenswerterweise auch einhielt.

Besonders wichtig erscheint mir die Feststellung Zeilingers, dass meine Aussagen nicht im Gegensatz zu naturwissenschaftlichen Erkenntnissen stehen, ja meine Ausführungen versuchen, das zu bestätigen, was Zeilinger wiederholt in Interviews zum Ausdruck gebracht hat, dass nämlich die Physik einer Ergänzung der Metaphysik bedarf und nicht auf eigenen Füßen zu stehen vermag.

Bei dem Versuch, meine Argumente gegen den Reduktionismus und Evolutionismus zu bündeln, konnte ich auf Vorarbeiten zurückgreifen, die ich schon für den Begründer der Logotherapie, Viktor E. Frankl, geleistet hatte, der in mir einen Geistesverwandten erblickte, und umgekehrt natürlich erst recht. Deshalb nahm ich auch einen Aufsatz, den ich auf Ersuchen Frankls, an den die Einladung ursprünglich ergangen war, für einen deutschen Verlag geschrieben habe, in den vorliegenden Band auf.

Ich konnte in diesem Zusammenhang aber auch auf eine Vorarbeit zurückgreifen, die ich 1993 in der Festschrift zum 80. Geburtstag von Erich Heintel, dem langjährigen führenden Wiener Philosophen, der heute leider im Schatten von zeitgenössischen Modeerscheinungen steht, geleistet habe. In dieser Festschrift mit dem ebenfalls programmatischen Titel „Philosophia perennis" hatte ich unter der Überschrift „Erich Heintels Versöhnungswerk" die Leistung des Jubilars gewürdigt und sie darin erblickt, die klassische Transzendenzphilosophie aristotelisch-christlicher Prägung mit der Kantschen Transzendentalphilosophie und seinen Weiterungen im deutschen Idealismus versöhnt zu haben, was vor allem auch Auswirkungen auf die philosophische Begründung Gottes als eines Zentralbegriffs der philosophia perennis hat. Eine Philosophie, die sich wie der Positivismus sowohl transzendentalen als auch transzendenten Perspektiven verschließt, ist eben nur ein Torso der Philosophie, aber nicht die ganze Philosophie selbst.

Die Stoßrichtung gegen den Evolutionismus, der heute so zeitgenössisch daherkommt, ist nicht erst durch Heintel und seinen Einfluss in der Wiener Philosophie heimisch geworden. So haben mich ältere Hörer meiner Vorlesungen, deren Universitätserfahrungen in die Zwischenkriegszeit zurückreichen, darauf aufmerksam gemacht, dass zwei Wiener Philosophen, die politisch und persönlich denkbar weit voneinander entfernt waren wie der faschistisch gesinnte Ordinarius Othmar Spann und der linksradikale marxistische Dozent Max Adler, in der Frage der Evolution an einem gemeinsamen Strang zogen und in der Erkenntnis einig waren, dass das Bewusstsein kein Derivat der Materie, sondern deren Voraussetzung ist. Ich setze also mit diesem vorliegenden Büchlein auch diese trotz aller sonstigen Differenzen bestehende gemeinsame Wiener Tradition fort.

Um die Fortexistenz dieser heute in der Defensive befindlichen, aber nach wie vor argumentativ schlüssigen, ja überlegenen Tradition auch in der wesentlich jüngeren Generation zu dokumentieren, habe ich auch den Beitrag meines Mitarbeiters Paul R. Tarmann „Anmerkungen zum Reduktionismus", dessen Mitarbeit am Zustandekommen des Buches weit über technische Hilfestellungen hinausging, hier aufgenommen.

Die starke Berufung auf die Philosophie Immanuel Kants soll auch klarstellen, dass meine Stellungnahme gegen den Evolutionismus nicht auch eine solche gegen die Aufklärung ist. Stammt doch die nach wie vor gültige Standarddefinition der Aufklärung als „Ausgang des Menschen aus seiner selbstverschuldeten Unmündigkeit" von Kant. Kant freilich beging nicht den Fehler vieler, vor allem französischer Aufklärer, das Kind mit dem Bade, im Besonderen mit dem des göttlichen Kindes des Christentums auszuschütten und die Aufklärung damit zu einem Fluch statt zu einem Segen zu machen.

Jene Jünger der Aufklärung, die sich wie einige französische Enzyklopädisten, so Denis Diderot, zum Atheismus verstiegen, haben der menschlichen Vernunft, indem sie sie inmitten eines vernunftlosen Kosmos ansiedelten und so des eigentlichen Hintergrundes beraubten, keinen guten Dienst erwiesen. Dafür werden sie von zeitgenössischen materialistischen Autoren wie Philipp Blom als „böse Philosophen", die in Wahrheit die einzig konsequenten waren, gefeiert. Voltaire, der wohl berühmteste der französischen Aufklärer, gehört bekanntlich nicht zu diesen atheistischen Philosophen, denn er meinte, dass man Gott erfinden müsste, wenn er nicht existierte, und fügte noch hinzu: „Aber die ganze Natur ruft uns zu, dass Gott existiert."

Karl Jaspers führte einmal sinngemäß aus: „Am Abgrund der Welt wird entweder Gott oder das Nichts erfahren." Die Modephilosophen von heute, die die Philosophie trivialisieren und zum Teil auch kommerzialisieren, ziehen es vor, in das Nichts zu starren und ihm achselzuckend entgegenzugehen. Zum Glück gibt es aber auch die Thirrings und Zeilingers, die es sich – sei es im Rahmen der Wissenschaft oder als private Meinung – nicht nehmen lassen, zu Gott als der Quelle allen Seins aufzublicken und dann auch in den Bachschen Choral einstimmen zu können: „Ich freue mich auf meinen Tod", und in dem es weiter heißt: „Hier muss ich das Elend bauen, aber dort, dort werd' ich schauen."

Um keine Missverständnisse aufkommen zu lassen, möchte ich noch einmal klarstellen, worum es mir bei meinem Kampf gegen den Reduktionismus und Evolutionismus geht bzw. nicht geht. Meine Einwände richten sich nicht gegen die empirische Forschung und Überprüfung der Grundlagen des menschlichen Seins und Zusammenlebens in Psychologie und Biologie, wohl aber gegen den Versuch, den Menschen auf seine chemisch-biologischen Grundlagen zu reduzieren. Frankl wurde nicht müde, immer wieder zu betonen, dass der Mensch nicht ein bloßes „Nur" bzw. ein „Nichts anderes als" ist, sondern dass seine geistige Natur auch in höhere Sphären hineinreicht. Ähnlich verhält es sich mit dem Evolu-

12

tionismus. Dieser ist ein Segen, solange er sich darauf beschränkt, die Evolution zu rekonstruieren. Er kann zum Fluch werden, wenn er daraus den Schluss zieht, dass die Evolution die einzige Erkenntnisquelle ist. Wie der Wiener Philosoph Günther Pöltner in einem im Text vorkommenden Beitrag ausführte, sind vor allem Vernunft und Bewusstsein keine Ergebnisse der Evolution, sondern die Voraussetzung für deren Zustandekommen.

Das Fazit meiner Überlegungen ist, dass Gott als Person, der man begegnen und an die man glauben kann, aber nicht muss, eines Beweises nicht bedürftig ist. Dessen ungeachtet ist es aber nicht nur moralischer und ästhetischer, tröstlicher und erbaulicher, sondern auch vernünftiger, von der Möglichkeit Gebrauch zu machen, an Gott zu glauben, als nicht an ihn zu glauben und sich auf keine Beziehung mit ihm einzulassen.

2. Geleitwort von Anton Zeilinger:
Religion und Naturwissenschaft.
Einige Gedanken

Albert Einstein hat 1941 gemeint: „Einen legitimen Konflikt zwischen Religion und Wissenschaft kann es nicht geben." Warum gibt es dann diesen Konflikt zumindest seit dem Beginn der Physik als experimenteller und mathematischer Wissenschaft? Bekannt ist ja der Fall Galilei. Und warum ist dieser Konflikt besonders in den letzten Jahren wieder verstärkt geführt worden? Dies geschah auf der einen Seite etwa mit Argumenten, die Aussagen von heiligen Schriften wörtlich nehmen. Auf der anderen Seite etwa mit Argumenten, die meinten, die Idee eines Gottes sei mit naturwissenschaftlichen Positionen grundsätzlich nicht vereinbar. Es sei hier die These vertreten, dass es diesen Konflikt nur gibt, wenn eine oder beide Seiten die ihnen eigenen Grenzen überschreiten. Und dass eine Beachtung der eigenen Grenzen zusammen mit Respekt für andere Sichtweisen zur Bereicherung der eigenen Sichtweise führen kann. Dies bedeutet wohl, dass beide Seiten ihren Anspruchsbereich nicht über das ausdehnen sollten, wo sie kompetent Position beziehen können.

Der Konflikt wurde unglücklicherweise in den letzten Jahren angeheizt durch die Position des Kreationismus. In einer seiner Varianten geht man so weit, sogar die Aussagen der Genesis, des ersten Buchs Mose, zur Schöpfung wörtlich nehmen. Um ein kleines Beispiel zu bringen: Dass Eva aus einer Rippe Adams gemacht worden sein soll, ist schon genetischer Unsinn. Dann wären Adam und Eva ja identische Zwillinge, und die können nur das gleiche Geschlecht haben. Man sollte also solche Aussagen der Bibel und natürlich auch anderer heiliger Bücher metaphorisch und im Kontext der Entstehungszeit sehen.

Andererseits zu behaupten, die Naturwissenschaften würden die Existenz eines Gottes als unsinnig widerlegen, ist natürlich auch eine Überschreitung der eigenen Grenzen. Denn eine solche Behauptung würde es notwendig machen, die Existenz Gottes als logischen Widerspruch bei stringenter Anwendung der Methodik der Naturwissenschaften, insbesondere als Widerspruch zu Naturgesetz, Experiment oder Beobachtung, nachweisen zu können. Dies ist natürlich fundamental unmöglich. Die Existenz Gottes lässt sich mit der naturwissenschaftlichen Methodik nicht widerlegen.

Es ist jedoch möglich, so manche spezifische Ansicht, die historisch von religiöser Seite behauptet wurde oder noch wird, zu widerlegen. Dies gilt etwa dann, wenn Gott sozusagen als Lückenbüßer angesehen wird, um Lücken in einer vielleicht vorwissenschaftlichen Weltsicht auszufüllen. So hatten alte Religionen oft Spezialgötter für solche Zwecke, etwa einen Gott, der für Donner zuständig ist. Naturwissenschaftliche Klärung vieler Phänomene hat zu einem Rückzug, oft nur in zu kleinen Schritten, von solchen Positionen geführt. Es sei daher angeregt, dass es eine konstruktivere und fruchtbringendere Position wäre, sich auf die Kernaussagen des Glaubens zu beschränken.

Natürlich gibt es auch einige für die Beziehung zwischen Religion und Naturwissenschaft relevante Fragen, deren Beantwortung außerhalb der naturwissenschaftlichen Methode steht. Zwei solcher Fragen seien hier beispielhaft erwähnt.

Erstens ist es die Frage, woher Naturgesetze kommen. Für den Physiker sind Naturgesetze wegen ihrer Kompaktheit unglaublich schön. Die sechs Symbole der Schrödingergleichung etwa beschreiben eine unglaubliche Fülle an Phänomenen in der Welt, vom Verhalten submikroskopischer Elementarteilchen über die gesamte Festkörperphysik bis hinauf zur Physik des frühen Universums. Aber woher kommt die Schrödingergleichung? Oder, selbst wenn man einige der physikalischen Gesetze auf darunterliegende Symmetrien zurückführt, wie es ein Erfolgsprogramm der modernen Physik ist, erhebt sich die Frage: Woher kommen diese Symmetrien?

Zweitens sei das quantenmechanische Einzelereignis erwähnt. Der Zerfall eines einzelnen Atoms, insbesondere der Zeitpunkt, wann ein bestimmtes Atom zerfällt, ist nach der Quantenmechanik nicht vorhersagbar. Die Physik geht heute davon aus, dass es sich hier nicht um unser Unwissen handelt, sondern vielmehr um eine prinzipielle Grenze der kausalen Beschreibbarkeit der Welt, und damit beim Einzelereignis auch um etwas, das naturwissenschaftlich nie präzise erfassbar sein wird.

Die eben aufgezeigten Grenzen der naturwissenschaftlichen Methode sind, und das sei nochmals
betont, nicht als Gottesbeweis gedacht. Genauso
wenig wie die Existenz Gottes durch die naturwissenschaftliche Methodik widerlegt werden kann, kann
sie dadurch bewiesen werden. Es ist keineswegs zwingend, annehmen zu müssen, dass die Naturgesetze in
irgendeiner Weise geschaffen wurden. Aber eine solche Annahme ist innerhalb der Naturwissenschaften
auch nicht ausschließbar.

Wenn also Naturwissenschaftler behaupten, es
gäbe keinen Gott, dann sprechen sie nicht als Naturwissenschaftler, sondern drücken ihre eigene, persönliche, natürlich zu respektierende Meinung und Position aus. Genauso wenig kann jedoch ein religiöser,
glaubender Mensch die Naturwissenschaften zum
Beweis einer Existenz Gottes heranziehen. Dieser
Beweis kann nie logisch zwingend geführt werden.
Und es darf auch nicht so sein, dass er logisch zwingend geführt werden kann, denn dies wäre, so sei hier
behauptet, das Ende der Religion. Wenn es möglich
wäre, den Beweis zur Existenz Gottes naturwissenschaftlich zwingend zu führen, dann wäre das das
Ende jeder Religion. Sie wäre dann ein Teilbereich der
Naturwissenschaften und es ginge die zentrale
Herausforderung, die zentrale Position, nämlich der
individuelle Glauben, verloren, von dem ich meine,
dass er konstitutiv und zentral für jede religiöse Position ist.

Wir können jedoch einen Schritt weiter gehen. Es
kann tatsächlich eine gegenseitige Bereicherung geben.

Dazu wieder Einstein: „Naturwissenschaft ohne Religion ist lahm, Religion ohne Naturwissenschaft ist blind." Diese Aussage möchte ich so interpretieren, dass uns die Naturwissenschaft nie eine Gesamtweltsicht liefern kann, da diese aus dem naturgesetzlichen Verhalten nicht ableitbar ist. Ebenso besteht andererseits die Gefahr, dass Religion ohne naturwissenschaftliche Erkenntnisse einiges von der wunderbaren Fülle der Welt nicht sieht oder gar inhaltliche Fehler macht. Die Erkenntnisse der modernen Naturwissenschaft können sehr wohl zu einer Bereicherung der eigenen religiösen Position beitragen. Das naturwissenschaftliche Staunen über die Welt kann sehr wohl eine Quelle des Glaubens sein.

Es ist also durchaus möglich und sehr sinnvoll, dass die Religion eine Position beziehen kann, wo sie nie mit den Naturwissenschaften in Konflikt kommen wird. Dies muss aber eine Position außerhalb naturwissenschaftlicher Beweisbarkeit oder Widerlegbarkeit sein, in der es allein auf den Glauben ankommt. Umgekehrt gilt Analoges für die Naturwissenschaften. Wenn wir also in den Naturwissenschaften zugeben müssen, dass es Grenzen der Methode gibt, müssen Religionen ebenso zugeben, dass es für sie Grenzen dort gibt, wo die Naturwissenschaften sehr wohl die Welt beschreiben können.

Max Planck, einer der Schöpfer der Quantenphysik, schrieb: „Wohin und wie weit wir blicken mögen, zwischen Religionen und Naturwissenschaften finden wir nirgends einen Widerspruch, wenn beide Seiten ihre Positionen sorgfältig genug definieren." Und

Werner Heisenberg, einer der Schöpfer der modernen Quantentheorie, hat dies fast poetisch ausgedrückt: „Der erste Trunk aus dem Becher der Naturwissenschaften macht atheistisch. Aber auf dem Grund des Bechers wartet Gott."

Wien, 30. Januar 2013

O. Univ.-Prof. Dr. Anton Zeilinger
Universität Wien & Österreichische Akademie der Wissenschaften

3. Einleitung –
Die Anmaßung des Evolutionismus

Angeregt zu den folgenden Überlegungen, die im vorliegenden Büchlein zusammengefasst sind, wurde ich auch durch eine Bemerkung in einem Vortrag des Biologen Jakob von Uexküll, dem Stifter des alternativen Nobelpreises und Enkel des Umweltforschers gleichen Namens, den dieser vor Jahren gehalten hat. Uexküll meinte, es sei beklagenswert, dass Vertreter der Naturwissenschaft „eine weniger wahrscheinliche und plausible Theorie", die des Materialismus nämlich, als die einzige und selbstverständliche ausgeben und damit die Sachlage nicht klären, sondern verwirren. Die von Uexküll beklagte Tendenz wurde beibehalten und führt dazu, dass der Evolutionismus, der sich als eine Art geistige Epidemie ausbreitet, eine große Anziehungskraft ausübt und vor allem das nicht wissenschaftliche oder gar philosophische Publikum düpiert und irreführt. Die zur Schau getragene Selbstsicherheit und die damit vermittelte Überzeugung von der Unumstößlichkeit der eigenen Weltsicht beruhen nicht auf der Überlegenheit der eigenen Argumente, sondern stellen eine Anmaßung dar, der gegenüber die traditionelle Philosophie vielfach hilflos und defensiv gegenübersteht. Das Rezept der Evolutionisten besteht darin, die eigene Weltsicht als die einzig wissenschaftliche darzustellen und die traditionelle Philosophie und erst recht natürlich die Religion und Theologie, die eine andere Weltsicht vertreten, ganz einfach zu ignorieren und sie stillschweigend als eine überholte Version der Welt abzutun und hinter sich zu lassen, statt sich mit ihren Argumenten auseinanderzusetzen.

Es gibt freilich auch aggressive und militante Atheisten wie Richard Dawkins, die gegen den „Gotteswahn" zu Felde ziehen, aber die vorherrschende Tendenz im Lager der Atheisten ist doch die, die nicht-materialistische Sicht der Welt totzuschweigen und möglichst vergessen zu machen. Freilich können sich die Evolutionisten manchmal nicht der Versuchung entziehen, in ein Triumphgeheul auszubrechen und den vermeintlichen Sieg der eigenen Sache auch noch zu feiern. So hat ausgerechnet in der Weihnachtsnummer der „Neuen Zürcher Zeitung" vom 24. Dezember 1998 ein gewisser Herr Adolf Heschl den traurigen Mut gehabt, in einem Beitrag „Der späte Triumph der Evolutionstheorie" das Ende der nicht-materialistischen Lesart der Dinge und der Welt insgesamt zu verkünden. Angesichts dieser Anmaßung ist es angebracht, diese als solche zu erkennen und in ihre Schranken zu verweisen. In Zusammenhang mit diesem Triumphgeheul erscheint mir das folgende Zitat des Grazer Philosophen Peter Strasser in seinem „Journal der letzten Dinge" zutreffend, wenn es dort heißt: „Der triumphierende Sieger ist eine Gestalt, von der man sich abwenden muss. Das Bild ist nicht zu ertragen. Kaum empfindet man Neid, man ist angewidert, da steht er, der Sieger, rammt die Faust in den Himmel, bleckt die Zähne und lässt die Menge sein Geheul hören ... Wenn er dasteht und triumphiert, bekommt man eine Ahnung davon, dass die Hoffnung endgültig aus der Welt verschwindet."

Nach diesen einleitenden Bemerkungen ist es an der Zeit, deutlich zu erklären, worum es in der Auseinandersetzung zwischen Evolutionisten und Metaphysikern verschiedener Observanz eigentlich geht. Die von mir erhobenen Vorwürfe richten sich nicht an die Vertreter der biologischen Evolutionstheorie, sondern an jene, die aus der Evolutionstheorie zu weitreichende Schlüsse ziehen. Diese sind durch die erbrachten wissenschaftlichen Leistungen und Ergebnisse der Evolutionstheorie nicht gedeckt, sondern gehen weit über sie hinaus. Was die Vertreter der Evolutionstheorie in verschiedenen Bereichen, vor allem der Biologie und Anthropologie, erst zu Evolutionisten, die es zu bekämpfen gilt, macht, ist die unzulässige Ausdehnung der Ergebnisse der eigenen Disziplin auf andere, ja auf alle Seinsbereiche. Was die Evolutionisten zum Unterschied zu respektablen Evolutionstheoretikern erst zu Evolutionisten macht, ist die Unfähigkeit oder Unwilligkeit zu erkennen, dass die philosophischen Fragen, ja auch schon die kosmischer Natur, erst dort beginnen, wo die Evolutionstheorie mit ihren Aussagen und ihrem gesamten Latein am Ende ist.

Erst nachdem die Evolutionstheorie das ihre geleistet hat, erhebt sich eine Frage, die von der Evolution selbst und von den Evolutionstheoretikern selbst nicht beantwortet werden kann, sondern eine Frage an die menschliche Vernunft ist, nämlich die Frage, ob das, was im Laufe der Evolution zum Vorschein kommt, durch die Evolution selbst hervorgerufen wurde und nicht vielmehr das, was sie hervorgebracht hat, nur die Ent-faltung und die Ent-wicklung eines Vorgegebenen ist, wie es schon die zitierten Worte nahelegen. Der eigentliche Streitpunkt zwischen Evolutionisten, die die Evolution als alleinige und ausreichende Erkenntnisquelle ansehen, und Präformationisten, die die Evolution nicht leugnen, sie aber nicht als einzige Erkenntnisquelle gelten lassen, ist also eine philosophische Frage, die nach wie vor die Forscher, vor allem aber die Philosophen, entzweit. Der Trick der Evolutionisten besteht darin, ihre Position nicht als eine Option, die ihnen jedenfalls unbenommen bleibt, sondern als selbstverständliches Ergebnis der Forschung selbst zu deklarieren. Würden sie nämlich zugeben, dass es auch andere Optionen und Deutungen der Wirklichkeit gibt, würden sie ihren eigenen Standpunkt mit der vorgetragenen Unumstößlichkeit relativieren und damit einen Spalt öffnen, der in einem materialistischen Weltbild keinen Platz hat.

Mit dieser Haltung lassen sie aber jene selbstkritische Grundeinstellung, die der Wissenschaft eigen sein sollte, vermissen und beziehen einen dogmatischen Standpunkt, den sie selbst der Gegenseite vorwerfen. Der Evolutionismus in seiner Ausprägung durch Konrad Lorenz und seine Nachbeter erhebt den Anspruch, die einzig haltbare Version der Wirklichkeit zu sein, verfehlt aber diesen Anspruch und das damit verbundene Ziel bei weitem. Diese Haltung ist nicht nur eine Düpierung des Publikums, sondern auch eine Brüskierung jener Fachkollegen, die es sich herausnehmen, aus den vorliegenden wissenschaftlichen Resultaten andere Schlüsse zu ziehen als die Vertreter des Evolutionismus.

So hat der österreichische Physiker Herbert Pietschmann schon 2001 in einem Vorwort zu meinem Buch „Gottes Türen und Fenster – Ein erneuter Blick auf die Gottesbeweise" das folgende ausgeführt: „Als Physiker, der sein Lebenswerk der theoretischen Erforschung der Bausteine der Materie gewidmet hat, ist mir die Naturwissenschaft gleichsam geistige Partnerin geworden, aus der ich Kraft und Lebensfreude schöpfen kann. Umso mehr fühle ich mich betroffen, ja auch verletzt, wenn meine Wissenschaft dazu missbraucht wird, Scheinargumente für einen Nihilismus, Materialismus und Atheismus zu liefern. Ich weiß wohl, dass solche geistigen Haltungen meist auf eine besondere Persönlichkeitsstruktur zurückgeführt werden können. Ich will daher niemandem das Recht absprechen, seinen persönlichen Lebensplan auf eine dieser Glaubensformen zu gründen. Wenn aber in der Öffentlichkeit das Prestige, das Naturwissenschaftler mit Recht genießen, so lange sie über ihr Fach sprechen, ausgenutzt wird, um solche persönlichen Einstellungen als ‚objektive Wahrheiten' zu verkünden, dann ist Einspruch gefordert!"

So problematisch es sein mag, die Einstellungen von Wissenschaftlern auf die Persönlichkeitsstruktur der Forscher zurückzuführen, da dies leicht zu gegenseitigen Verdächtigungen und Denunziationen führen kann, so einleuchtend und erhellend ist, was Pietschmann in seiner Stellungnahme zu unserem Thema sagt, dass nämlich auch der Materialismus, der sich als die einzige legitime Form der Wissenschaft ausgibt, eine Art Glaube ist. Im Falle der traditionellen Philosophie handelt es sich um einen Glauben an eine übernatürliche Wirklichkeit bzw. die Vorstellung über sie, im Falle des Materialismus aber um einen Glauben an die alleinige Wirklichkeit der Materie, eine Weltsicht, in der Zufall und Selektion anstelle einer übernatürlichen Wirklichkeit treten und als alleiniges Erklärungsmuster der Wirklichkeit fungieren. Die materialistische Erklärung der Wirklichkeit beruht auf der deklarierten, oft aber als selbstverständlich zugrunde gelegten Annahme, dass nur das wirklich ist, was sichtbar und messbar ist, während die traditionelle Philosophie mit vollem Recht darauf beharrt, dass aus dem Umstand, dass etwas nicht messbar ist, nicht folgt, dass es deshalb auch nicht existiert.

Demgegenüber betonen Philosophie und Religion, dass – wie es z. B. im christlichen Credo heißt – die Schöpfung „aus sichtbaren und unsichtbaren Dingen" besteht, die unsichtbaren aber nicht minder real sind als die sichtbaren, ja, den Kern der eigentlichen Wirklichkeit bilden. Gibt es schon im natürlichen Bereich Dinge, die erst mit Hilfe einiger Geräte und Operationen sichtbar werden, so gibt es eben auch durchaus reale Dinge, die zwar nicht wie empirische Gegenstände erfassbar sind und auch nicht als Beweise im logischen Sinn gelten können, aber doch im Rahmen des menschlichen Fassungsvermögens liegen. In der Frage der Existenz einer zweiten, der materiellen übergeordneten Welt sind sich die traditionelle Philosophie und der Kantsche Kritizismus, wenn auch mit verschiedenen Begründungen, einig, dass der Mensch „Bürger zweier Welten" ist und der Versuch, ihn aus der zweiten, „intellegiblen", bzw. „noumenalen" Welt auszubürgern, kein Befreiungsschlag, sondern eine Engführung und philosophische Kurzschlusshandlung ist.

Wenn Pietschmann den Atheismus anspricht, so ist zur Vermeidung von Missverständnissen folgendes festzuhalten: Der A-Theismus wurde der Wissenschaft seitens der Philosophie, auch der Theologie prinzipiell immer zugestanden, freilich nur in dem Sinn, dass sie Gott im Rahmen ihrer Forschungen nicht vorfindet und daher nicht zu thematisieren braucht. Insofern hatte Laplace mit seinem berühmten Ausspruch, dass er die Hypothese „Gott" nicht benötige, Recht. Der methodische A-Theismus der Wissenschaft, speziell der Naturwissenschaft, wird aber zur grenzüberschreitenden und daher inkompetenten Aussage, wenn sie daraus den Schluss zieht, dass es keinen Gott gibt. Auch bedeutet der Umstand, dass der Kantsche Kritizismus die Gottesbeweise zerlegt und gezeigt hat, dass sie zu Antinomien führen, nicht, dass sie auch als Plausibilitätsargumente keine Geltung mehr haben. So hat der österreichische Physiker Walter Thirring, der Autor des Buches „Kosmische Impressionen. Gottes Spuren im Universum" es anderwärts als infinitesimal unwahrscheinlich bezeichnet, dass der Kosmos ohne planenden Geist zustande gekommen ist und funktioniert. Die Natur ist demnach kein Beweis für die Existenz Gottes, sehr wohl aber ein Hinweis auf ihn, wenn die Bereitschaft dazukommt, diesem Hinweis nachzugehen. Als Träger des Paul Watzlawick-Ehrenringes 2013 sprach Thirring in seiner Dankesrede einer „Metaphysik des Seins" das Wort – ein Schlag ins Gesicht jener Physiker, die sich mit der Physik alleine zufrieden geben wollen!

Eine große Rolle spielt in der zeitgenössischen Diskussion der Begriff „agnostisch". Er kann verschiedenes bedeuten: Manche Agnostiker sind der Meinung, dass die Frage nach der Existenz Gottes unentscheidbar ist. So weiß ich aus persönlichen Gesprächen, ja einem Jahrzehnte zurückliegenden Briefwechsel mit dem Bundespräsidenten Heinz Fischer, der zwar kein großer Denker, sehr wohl aber ein denkender Mensch und Zeitgenosse ist, dass er der Gottesfrage und der Religion mit Respekt gegenübersteht, sich aber nicht als Gläubiger, aber auch nicht als Atheist, der die Frage für definitiv entschieden hält, fühlt und bezeichnet werden will. Neben diesen echten Agnostikern gibt es Atheisten, die nur zu höflich sind, um ihrem schroffen Atheismus Ausdruck zu verleihen. So wie Arthur Schopenhauer den Pantheismus als „höflichen Atheismus" bezeichnet hat, so kann man auch diese Art von Agnostikern als höfliche oder verschämte Atheisten bezeichnen. Auch befinden sich offene oder versteckte Gottsucher unter den Agnostikern.

Die traditionelle Philosophie, die sich gegenwärtig in der Defensive befindet, hat trotzdem keinen Grund, den philosophischen Glauben, den sie hegt und der in der christlichen Tradition am besten aufgehoben ist, zu verleugnen und vor dem Forum der Vernunft abzudanken. Sie kann vor ihm nach wie vor bestehen, ja hat, ganz abgesehen von der moralischen und ästhetischen Komponente, die für sie spricht, auch die besseren rationalen Argumente auf ihrer Seite. Die folgenden Ausführungen sind daher auch als Schützenhilfe für jene gedacht, die unter dem Kreuzfeuer des Evolutionismus, für den das Goethe-Wort „Vernunft wird Unsinn, Wohltat, Plage" gilt, ihre Überzeugung nur mit schlechtem Gewissen bewahren und ausüben. Die großen Philosophen von Aristoteles bis Heidegger waren allesamt keine Materialisten und Atheisten und hätten, auch wenn sie mit allen heutigen Erkenntnissen der Naturwissenschaft vertraut gewesen wären, keinen Grund, ihre Philosophie zu widerrufen, weil die Naturwissenschaften dafür keine Handhabe bieten.

Nicht nur Herbert Pietschmann hat eines seiner Bücher mit dem Untertitel „Der Geist bestimmt die Materie" versehen, auch der große österreichische Nobelpreisträger Erwin Schrödinger hat in seinem Büchlein „Geist und Materie" folgendes klargestellt: „Nur kurz will ich den notorischen Atheismus der Naturwissenschaft erwähnen. Wieder und wieder erfährt die Naturwissenschaft diesen Vorwurf, aber zu Unrecht. Der persönliche Gott kann in einem Weltbild nicht vorkommen, das nur zugänglich geworden ist um den Preis, dass man alles Persönliche daraus entfernt hat." Schrödinger, der als Quanten-

mechaniker den Nobelpreis erhalten hat, grenzte sich
mit dem Büchlein „Meine Weltansicht" mit den folgenden Worten vom Evolutionismus ab: „Folgerichti-
ges Denken führt in einer großen Zahl von Fällen zu
einem bestimmten Punkt, wo es uns im Stiche lässt.
Gelingt es uns, das direkt nicht erschließbare Gebiet,
in das diese Denkwege hinauszuführen scheinen, in
solcher Weise zu ergänzen, dass diese Wege nicht
mehr ins Uferlose führen, sondern nach einer zentralen Stelle dieses Gebietes konvergieren, so kann darin
eine höchst schätzenswerte Abrundung unseres Weltbildes liegen, dessen Wert nicht mehr nach der
Zwangsläufigkeit und Eindeutigkeit zu beurteilen ist,
mit der die Ergänzung zunächst vorgenommen."
Schrödinger hat in dieser Stellungnahme, wenn auch
in verklausulierter Form, den Weg der traditionellen
Philosophie skizziert und gutgeheißen. Er hat die
höhere Welt, die der materiellen übergeordnet ist, als
das „nicht direkt erschließbare Gebiet" definiert, d.
h. dass es weder empirisch, aber auch nicht am Wege
des logischen Beweises erschließbar, deswegen aber
nicht unzugänglich ist, weil die menschliche Vernunft
eben auch andere Wege als die empirischen und logischen zur Verfügung hat. Wenn Schrödinger von
einer „zentralen Stelle dieses Gebietes" spricht,
spricht er jene Wirklichkeit an, die wir im Allgemeinen als „Gott" bezeichnen, wobei es eine eindrucksvolle Reihe von Namen und Umschreibungen gibt,
die sich unter dem Begriff „Gott" subsumieren lassen,
ja diesen Begriff auch ersetzen können. So spricht
Aristoteles vom „ersten unbewegten Beweger", Plato

vom „Demiurgen", der zwischen der Welt der Ideen und der Schattenwelt, in der wir nach dem Höhlengleichnis alle leben, agiert, Kant von Gott als einem „Postulat der praktischen Vernunft", das man wohl mit dem „Ding an sich" identifizieren kann, Hegel vom „absoluten Geist", Fichte vom „Ur-Ich", Leibniz von der „Zentralmonade", bis zu Karl Jaspers, der vom „Umgreifenden" als Synonym für Gott spricht. Leibniz hat den Begriff der „philosophia perennis" geprägt, den der Wiener Philosoph Erich Heintel revitalisiert hat. Was alle diese Denkrichtungen verbindet, ist die Überzeugung, dass der Geist vor und über der Materie steht und nicht ein bloßes Epiphänomen der Materie ist. Diese Annahme ist, wie noch zu zeigen sein wird, keineswegs ein willkürliches Phantasieprodukt, sondern eine wohlfundierte Annahme, die die Welt besser erklärt und verständlich macht als der Materialismus, dem freilich nicht jene Eindeutigkeit zukommt, den die Evolutionisten für sich reklamieren, die aber, wenn man wie Schrödinger denkt, trotzdem eine „schätzenswerte Abrundung unseres Weltbildes" ergibt. Freilich ist diese Art des Denkens von Seiten der Evolutionisten mit dem Vorwurf bedacht, metaphysisch zu sein, was den Vorwurf der Unwissenschaftlichkeit in positivistischer Sicht einschließt.

Demgegenüber ist im Anschluss an Wolfgang Stegmüller, dem deutschen Wissenschaftstheoretiker, und seinem Werk „Wissenschaft, Metaphysik, Skepsis" daran zu erinnern, dass ihm zufolge auch die Entscheidung gegen die Metaphysik eine metaphysische ist, der Philosoph also gar nicht die Wahl zwischen metaphysisch und nicht-metaphysisch hat, sondern nur die zwischen einer monistischen Metaphysik, die sich nicht als solche empfindet und deklariert, tatsächlich aber eine solche ist, und einer dualistischen.

Diese Art von uneingestandener Metaphysik ist nicht über den monistisch-materialistischen Erkenntnisstand des deutschen Philosophen Ernst Haeckel in seinem Buch „Die Welträtsel", das am Ende des 19. Jahrhunderts erschien, hinausgekommen. Er hat versucht, alle metaphysischen Probleme materialistisch-monistisch aufzulösen, was ihm ebenso wenig gelungen ist wie seinen Nachfolgern und Nachbetern. Noch ein anderer von Stegmüller herangezogener Begriff erscheint im Zusammenhang mit der Gottesfrage von Bedeutung und Interesse: der der „Ur-Evidenz". Selbst wenn man nicht der These der Anthropologen von St. Gabriel, wie Wilhelm Schmidt, Koppers, Gusinde, folgt, die vom „Ur-Monotheismus" sprachen, kann man doch eine Art Ur-Überzeugung der Existenz eines höheren Wesens, ja eines höchsten Wesens als eine die Völkerkunde und Völkergeschichte durchziehende Konstante feststellen. Demgegenüber gibt es keine Ur-Evidenz der Nicht-Existenz eines solchen höchsten Wesens, nicht nur, weil sich Evidenzerlebnisse immer auf Seiendes und nicht auf Nicht-Seiendes beziehen. Selbst Karl Marx musste in einer der erst später entdeckten Frühschriften zugeben: „Die Schöpfung ist eine sehr schwer aus dem Volksbewusstsein zu verdrängende Vorstellung. Das Durch-sich-selbst-Sein der Natur und des Menschen ist ihm unbegreiflich, weil es allen Handgreif-

lichkeiten des praktischen Lebens widerspricht." Die
Plausibilität der Schöpfung gegenüber der nicht-plau-
siblen Selbsterzeugung der Welt und des Lebens ist
aber untrennbar mit der Plausibilität auch des Schöpfers verbunden, da der Begriff der Schöpfung ohne
einen Schöpfer nicht vorstellbar ist.

Dem steht freilich die Projektionsthese Ludwig
Feuerbachs in seinem „Wesen des Christentums"
gegenüber, der wie später Sigmund Freud die Gottesidee als bloße Erweiterung des eigenen menschlichen
Bildes ins Kosmische zu erklären und abzutun versucht. Diesem evolutionistischen Missverständnis ist
aber wieder entgegenzuhalten, dass sich das Vollkommene nicht aus dem Unvollkommenen ableiten lässt,
sondern umgekehrt das Unvollkommene erst aus dem
Vollkommenen abzuleiten und an ihm abzulesen ist.
Zwar gibt es einen menschlichen Projektionsvorgang,
der aber durch dieses, die Projektion auslösende
Objekt, bzw. Subjekt ausgelöst wird. Dies ist Kern
des ontologischen Gottesbeweises von Anselm von
Canterbury, dem Goethe poetischen Ausdruck verlie-
hen hat:

„Wär' nicht das Auge sonnenhaft,
die Sonne könnt' es nicht erblicken,
wohnt' nicht in uns des Gottes eig'ne Kraft,
wie könnte Göttliches uns je entzücken?"

Der Schöpfer hat sich so stark in das Herz des von
ihm als seinem Ebenbild geschaffenen Menschen ein-
gesenkt, dass dieser nicht umhin kann, nach ihm zu
streben und ihn seinerseits nachzuschaffen.

4. Spielarten des Reduktionismus –
Der Kampf des Viktor E. Frankl

Mögen die Evolutionisten noch so bemüht versuchen, ihre pseudowissenschaftlichen Thesen mit neuesten Forschungsergebnissen zu belegen, ihr Anliegen ist alles andere als neu. Immer wieder gibt es das Bemühen, komplexe Dinge zu vereinfachen. In den verschiedensten Zusammenhängen taucht die oberflächliche Feststellung und Anmaßung der Reduktionisten auf, der Mensch sei „nichts anderes als", nichts anderes als das, was eine positivistisch verengte Wissenschaft feststellen und für endgültig erklären könne. Einer jener, die sich deutlich gegen solche Verengungen aussprachen und auf den im folgenden Kapitel immer wieder eingegangen werden soll, war Viktor E. Frankl. Er betonte, dass der Mensch im Gegenteil immer mehr sei als das, was empirisch über ihn aussagbar ist. Frankls Hauptangriff galt naturgemäß und fachspezifisch vor allem dem psychologischen Reduktionismus, der als „Psychologismus" nach wie vor einen starken Einfluss in der zeitgenössischen Wissenschaft ausübt. Es war ihm aufgrund seiner Herkunft und Hauptbeschäftigung in erster Linie darum zu tun, die Psychologie und Psychiatrie, die sein eigenes Fachgebiet waren, philosophisch zu durchdringen und zu überhöhen. Er führte dementsprechend einen Kampf gegen den Psychologismus als eine Spielart des Reduktionismus, der durch die immer wiederkehrende Behauptung, psychologische Phänomene seien nur aus sich selbst und aus der psychologischen Natur des Menschen zu erklären, sie machten philosophische Überlegungen überflüssig, notorisch ist.

Der Psychologismus ist aber keineswegs der einzige wissenschaftliche Engpass, den Frankl vorfand und überwinden helfen wollte, sondern eben nur die eine seinem engeren Fachgebiet näherliegende Form und Abart des Reduktionismus. Daneben gab und gibt es als Varianten des Reduktionismus, die sich auf andere Zweige der Wissenschaft stützen und diese ihrerseits überstrapazieren und für ihre Zwecke instrumentalisieren, den Soziologismus und, durch die Erkenntnisse und Erfolge der Genforschung und -technik heute im Vordergrund stehend, den Biologismus, der die Biologie zum alleinigen Maßstab philosophischer Einsichten machen will und damit heillos überfordert. Besonders medial präsent sind heute einige Hirnforscher, die behaupten, weil sie keinen freien Willen im menschlichen Gehirn finden konnten, gäbe es diesen auch nicht. Wolf Singer und Gerhard Roth behaupten – keineswegs in Übereinstimmung mit anderen Vertretern ihres Faches –, dass der Mensch daher determiniert sei, und übersehen dabei die Tatsache, dass das Nichtfinden der Willensfreiheit noch lange kein Beweis für ihre Nichtexistenz ist.

Der Soziologismus hat im 20. Jahrhundert vor allem in Form des historischen und dialektischen Materialismus marxistischer Prägung Gestalt angenommen und zeitweise mit der Ausdehnung des „realen Sozialismus" eine weltweite Ausdehnung erfahren. Mit dem Zusammenbruch des kommunistischen

Herrschaftssystems im Großteil der Welt ist der Einfluss dieser szientistischen Denkrichtung, die, zum Unterschied zu einer wissenschaftlich einwandfreien, die Wissenschaft mit übermäßigen Anforderungen belastet und missbraucht, stark zurückgegangen, doch keineswegs verschwunden, denn Irrtümer haben, auch wenn sie so spektakulär empirisch scheitern wie die marxistischen Systeme, ein zähes Leben. Trat dieser Reduktionismus früher mit Herrschaftsgewalt auf und setzte sich gegen konkurrierende Deutungen mit den Mitteln der Gewalt durch, so hat er einen Teil seiner real eingebüßten Macht durch das ihm zugrunde liegende Vorurteil, alles soziologisch erklären zu können, in den Hirnen vielen Menschen, die sich gerne mit einfachen Erklärungen zufrieden geben, behauptet. War es unter marxistischen Vorzeichen üblich, eine missliebige Meinung durch den Hinweis auf deren „bürgerlichen" oder „kleinbürgerlichen" Inhalt oder die entsprechende Herkunft des Urhebers einer solchen Meinung zu disqualifizieren, so wuchert der Soziologismus auch ohne diese marxistische Imprägnierung bei vielen Soziologen weiter, die sich der Wahrheitsfrage gegenüber einer bestimmten Behauptung durch den Hinweis auf deren soziologische Bedingtheit und Relativität entziehen zu können glauben.

Dabei können soziale Faktoren und Umstände, wenn man der Philosophie Max Schelers, der Frankl sehr nahe stand und nahe kam, folgt, höchstens erklären, warum sich bestimmte Ideen zu einer bestimmten Zeit und in einer bestimmten Gesellschaft durchsetzen und andere nicht; die Herkunft und der Inhalt dieser Ideen wurzeln aber in einer überempirischen Werte- und Ideenwelt. Diese Form des Dualismus unterscheidet sich fundamental vom marxistischen Schema von Unterbau und Überbau, das den prinzipiellen Unterschied der geistigen und materiellen Sphäre ignoriert und Inhaltsfragen durch den Verweis auf Formgebendes und Formationen ausweicht.

Sowohl im Falle des Psychologismus als auch des Soziologismus wird nicht nur reduktionistisch verfahren und damit der Weg zum Verständnis des eigenständigen geistigen Seins verbaut statt eröffnet, es wird auch gegen das wissenschaftstheoretisch fundierte Postulat der Trennung von Ursprung und Geltung verstoßen. So werden philosophische und politische Aussagen von Vertretern der Psychoanalyse vielfach durch den Verweis auf die neurotische Natur und Belastung des Schöpfers entwertet oder sogar der Lächerlichkeit preisgegeben, ohne gleichzeitig dartun zu können, wie eine nicht unter Neuroseverdacht stehende Aussage beschaffen sein müsste. Diese psychologische Sicht wird dem Gehalt einer wissenschaftlichen Aussage oder politischen Stellungnahme ebenso wenig gerecht, wie der Hinweis auf die der künstlerischen Produktion zugrunde liegende psychische Eigenart des Künstlers, den Inhalt eines Kunstwerkes und das Überdauernde seiner Wirkung zu erklären vermag. Die psychologische Verengung und die Denunzierung missliebiger Meinungen sind eine beliebte Waffe im Kampf gegen abweichende Theorien und Persönlichkeiten, tragen aber nichts zur inhaltlichen Erkenntnis bei, sondern stiften nur Verwirrung und Vermischung der Sphären.

Der Psychologismus leistet einer solchen sachlich ungerechtfertigten Abwertung bestimmter Meinungen und Haltungen ebenso Vorschub wie der Soziologismus, der unwillkommene Abweichungen zu Denkfehlern oder Todsünden erklärt. In naturwissenschaftlichen und technischen Zusammenhängen kommt wohl kaum jemand auf die Idee, eine Erfindung oder Entdeckung durch psychologische oder soziologische Kategorisierung des Erfinders zu disqualifizieren. Das einzige Kriterium für den Wert einer Erfindung und technischen Konstruktion ist deren Brauchbarkeit, wie das Kriterium für die Beurteilung einer menschlichen Handlung oder eines menschlichen Denkaktes deren ethischer Gehalt bzw. deren Wahrheitsgehalt sein sollte.

Wie problematisch der Reduktionismus aller Spielarten ist, lässt sich auch dadurch demonstrieren, dass die verschiedenen Vertreter des Reduktionismus einander das Erklärungsmonopol streitig machen und einander relativieren, statt sich selbst zu relativieren oder von einer übergeordneten Instanz relativieren zu lassen.

So hat der marxistische Philosoph Walter Hollitscher, der eine Zeit lang die Rolle eines Parteiideologen der KPÖ spielte und der vom „Wiener Kreis" und der Psychoanalyse her kam, die einschlägigen Systeme also sehr gut kannte, der vom Sowjetsystem verurteilten Freudschen Psychoanalyse eine „Biologisierung der Psychologie und eine Psychologisierung der

Geschichte" vorgeworfen und demgegenüber den marxistischen Anspruch verteidigt, sowohl den Psychologismus als auch den Biologismus in ihre Schranken zu weisen. Psychoanalytische Autoren sahen und sehen kein Problem darin, a limine durch die Disqualifizierung der Revolutionäre als Neurotiker, der Revolution die Berechtigung abzusprechen, obwohl diese Frage wiederum nur unter ethischen und Gerechtigkeitsgesichtspunkten, bzw. nach ökonomischen Gesichtspunkten zu beurteilen ist.

Frankl ist der Gefahr des Reduktionismus und der Versuchung, sich auf eine bestimmte Seite des Reduktionismus zu schlagen, durch seine wissenschaftliche Entwicklung, aber auch durch seine reiche und tragische Lebenserfahrung, die ihn an die Grenzen der menschlichen Existenz und Belastbarkeit führte, entgangen. Theorie und Praxis haben sich in seiner Entwicklung glücklich und organisch ergänzt und zur Ausformung einer eigenen theoretischen psychologischen Methode, der Logotherapie, als auch zu einer auf der Höhe der Zeit stehenden Gesamtschau von Leben und Welt geführt. Frankl hatte und bewahrte sich lebenslänglich eine Bewunderung für Freud, er erkannte aber schon frühzeitig dessen Schwächen und Grenzen, ja dessen philosophische Unbedarftheit und Brüchigkeit. Auch die Hinwendung zur Individualpsychologie Alfred Adlers blieb im Entwicklungsgang Frankl eine nur partielle und temporäre. Er erkannte und bejahte den prinzipiellen Fortschritt, den die Individualpsychologie gegenüber der Psychoanalyse darstellte und mit sich brachte. Vor allem die Beto-

nung des teleologischen Charakters des Seelenlebens
erhob Alfred Adler über seinen Lehrer Sigmund Freud,
von dem er sich selbst als einer der ersten, wenn auch
keineswegs der letzten Schüler abwandte. Im Gegensatz zu Freud sah Adler den Menschen nicht nur als
ein Bündel von Trieben, als eine bloß kausal erfass-
bare Größe und auch nicht als ein bloßes Zusammen-
spiel von Ich, Es, Über-Ich, sondern als eine schöpfe-
rische Einheit, die den einzelnen Phasen und Kräften
des Seelenlebens einen Zusammenhang, eine Ausrich-
tung auf ein selbstgeschaffenes und übergeordnetes
Ziel verleiht. Dieser teleologische Aspekt, der Adler
vom deterministisch-kausal denkenden Freud abhob,
arbeitet sich mehr und mehr an die von Freud ver-
worfene und abgelehnte Sinnfrage, die für Frankl
mehr und mehr zur zentralen Frage wurde, heran und
war damit auch für eine theologische Vertiefung
offen. So ist es kein bloßer Zufall, dass Schüler Alfred
Adlers, wie vor allem Rudolf Allers, sich zur katholischen Kirche bekannten und die Teleologie ins Theologische erweiterten und darauf einen Schluss zogen,
den Adler selbst nicht zog, den er aber im Gegensatz
zu Freud, der alle Abweichungen von seiner reinen
Lehre in Acht und Bann tat, offen und gelten ließ.
Doch auch Adler blieb nach den stets wachsenden
Einsichten Frankls noch im Psychologismus und
Reduktionismus stecken, wenn es auch nicht der
Sexualtrieb war, den Adler in den Mittelpunkt rückte,
sondern das Streben nach Geltung.

Doch Frankl wollte weder den Sexualtrieb noch
den Willen zu Macht und Geltung als letzte Instanzen

des Seelenlebens gelten lassen, sondern betrachtete beide nur als Teilerscheinungen und Annäherungen des Willens zum Sinn, der nicht nur den Philosophen, sondern auch den Menschen schlechthin auszeichnet und durch sein ganzes Leben verfolgt. Frankl sah das gesunde Seelenleben, zu dessen Gelingen er durch seine Logotherapie beitragen wollte, nicht durch Anpassungsleistungen und Erfüllung von Normalitätskriterien charakterisiert, für ihn vollendete sich das Menschsein erst in der Suche nach je eigenem Sinn und dessen Findung als lebenslangen Prozess. Dabei kamen Frankl nicht nur seine Lebenserfahrungen, sondern auch seine Anknüpfung an mächtige geistige Strömungen und Traditionen zugute. Erst die Verschmelzung mit ihnen gab seiner Logotherapie das unverwechselbare und einzigartige geistige Profil.

Zum Unterschied von anderen Richtungen schöpfen Frankl und die von ihm begründete Logotherapie aus den Quellen der antik-abendländischen wie auch der jüdisch-christlichen Tradition oder stimmen jedenfalls in ihren Ergebnissen mit deren Denk- und Deutungsmustern überein. Dies kommt schon in der triadischen Kategorisierung zum Ausdruck, die sich sowohl in den antiken wie auch in den jüdisch-christlichen Vorlagen findet. Eines dieser Zuordnungskriterien Frankls bezieht sich auf die Werte und Werthaltungen, die sich im menschlichen Handeln, aber auch schon im Denken manifestieren. Es ist im Sinne dieser Traditionen, wenn Frankl den schöpferischen Werten, der künstlerischen oder sonstigen Produktion des Menschen mit Hilfe eines formbaren Materials und unter der Anleitung und Inspiration von Ideen den höchsten Rang einräumt. Tritt der Mensch in dieser seiner Fähigkeit, die ihn vom Tier unterscheidet, doch als Mit- und Nachschöpfer auf, der sich in dieser Funktion den platonischen Ideen des Wahren, Guten und Schönen nähert und an der creatio continua Gottes, von der die christliche Theologie kündet, die aber auch schon im Alten Testament zu finden ist, mitwirkt. Auch die einen Rang tiefer angesiedelten Erlebniswerte verbinden den Menschen mit einer höheren Wirklichkeit und werden für die Mehrheit der Menschen, die nicht im engeren Sinn schöpferisch sein können, ein Weg zur Selbstverwirklichung und Sinnfindung. Frankl aber lässt es bei diesem Dualismus in Bezug auf die den Menschen motivierenden Werte nicht bewenden, wie er überhaupt den traditionellen Dualismus von Leib und Seele durch die Hinzufügung, ja durch die Vorrangstellung des Geistes überbietet. Im gegenständlichen Fall der Werte sind es die Einstellungswerte, die einen Menschen in die Lage versetzen, auch mit einer Situation, an der er nichts mehr ändern kann, so einer unheilbaren Krankheit, nicht nur fertigzuwerden, sondern sie zu einer Vollendung der Persönlichkeit zu verarbeiten. Damit rückt Frankl den leidenden Menschen in die Nähe Hiobs, der trotz aller Schicksalsschläge an Gott nicht irre wird, aber auch in die Nähe von Christus am Kreuz, der, obwohl unschuldig, eigenes und fremdes Leid trägt und erträgt.

Gegenüber diesen Werten nimmt der bloße Genuss, den wir im Alltag mehr als alles andere erstreben, einen minderwertigen Rang ein. Vor allem die hemmungslos konsumierte sexuelle Lust ist nach Frankl der sicherste Weg, die wahre Liebe und Liebesfähigkeit zu zerstören. Überhaupt sollte der Mensch nach der Lehre Frankls nicht den törichten Versuch unternehmen, unter allen Umständen Lust und Glück als Inbegriff irdischen Wohlergehens und -empfindens anzustreben und auf der anderen Seite das Leid um jeden Preis zu vermeiden. Denn durch die Sinnfindung und Sinnerfüllung ergeben sich Freud und Leid als Nebenprodukte, die man dankbar bzw. geduldig hinnehmen, aber nicht als das eigentliche Kriterium des Gelingens des eigenen Daseins betrachten und damit überschätzen soll.

In welcher Art und Weise diese Sinnerfüllung zu leisten ist, entscheidet der Mensch selbst, hoffentlich nach bestem Wissen und Gewissen. Doch auch für diese Sinnfindung bietet sich nach Frankl eine trinitarische Hilfestellung an. Allen diesen drei Formen des Transzendierens ist gemeinsam, dass der Mensch sich nicht bloß selbst verwirklicht, wie es ein modernes Schlagwort nahelegt, sondern gleichzeitig sich selbst einem anderen zuwendet und sich ihm öffnet und erschließt. Die erste Form dieser Zuwendung ist die Hingabe an eine Person, sei es in Form der auf Dauer und Exklusivität angelegten Partnerschaft, sei es durch Sorge um eine der körperlichen oder geistigen Pflege bedürftige Person. Diese personale Hingabe kann sogar den Tod überdauern und überwinden. Es handelt sich um jene Ich-Du-Beziehung, von der der jüdische Religionsphilosoph Martin Buber, auch ein in Wien geborener Geistesverwandter Frankls, im Rahmen seiner Philosophie des Dialoges spricht. Die zweite Form des Transzendierens, deren der Mensch fähig ist, ist die Hingabe an ein Werk, das im idealen Fall das ganze Leben erfüllt und begleitet. Wenn dieses Werk groß und eindrucksvoll genug ist, wird es meist anerkennend als Lebenswerk bezeichnet und gewürdigt. Aber auch das kleine, im Verborgenen gewirkte Werk beglückt wenigstens seinen Schöpfer und hebt ihn über die Zerstreuung des Alltags hinaus. Die dritte Form des Transzendierens, die oft in Verbindung mit der Arbeit an einem Werk auftritt, ist die Hingabe an eine Idee, an einen übergreifenden und viele Menschen verbindenden ideellen Zusammenhang. Allerdings ist hinsichtlich dieser Form des Transzendierens unter Berücksichtigung der traurigen Erfahrungen des 20. Jahrhunderts Vorsicht am Platz, denn Millionen Menschen haben in diesem „Jahrhundert der Wölfe", wie Nadeshda Mandelstam, die Witwe des großen russischen Lyrikers Osip Mandelstam, das 20. Jahrhundert in einem monumentalen Rückblick bezeichnet hat, einer falschen Idee zuliebe Untaten sondergleichen vollbracht und auch die erste Frau und die Eltern Viktor Frankls ermordet. Das Beispiel der Hingabe an eine Idee zeigt, dass Ideen im positiven, platonischen aber auch jüdisch-christlichen Sinne nicht von ihren ontologischen Wurzeln und Grundlagen abzulösen und zu isolieren sind, wenn sie nicht Gefahr laufen wollen, zu einem falschen Menschenbild zu pervertieren und bei einer Form der Menschenvernichtung totalitärer Prägung zu landen.

Der Mensch kann daher wenigstens prinzipiell gar nicht darauf verzichten, auch einen letzten Schritt zu tun und das Innerweltliche zu transzendieren in Richtung auf eine über- und außerweltliche Intelligenz, die wir Gott nennen und die erst den Maßstab für die Bewertung alles Irdischen abgibt, zu überschreiten.

Frankl selbst hat in seinem Werk *Der unbewusste Gott* diesen Zusammenhang aufgezeigt und seinen Glauben auch im Alltag praktiziert. So weiß seine Frau Elly zu berichten, was in der Biographie Frankls, die von Haddon Klingberg unter dem Titel *Das Leben wartet auf Dich* veröffentlicht wurde, nachzulesen ist: Frankl versäumte es während der fünfzig Jahre, in denen er mit seiner Frau Elly zusammenlebte, an keinem Tage, vor Beginn des Tagwerkes zu den jüdischen Gebetsriemen, Tefillin genannt, zu greifen, sie anzulegen und im Gebet Zwiesprache mit Gott zu halten. Und bei der Feier zur siebzigsten Wiederkehr seiner Bar-Mitzwa, dem jüdischen Mannbarkeitsritual, das mit dreizehn Jahren stattfindet, erneuerte er sein Bekenntnis und seine Bindung gegenüber einem Rabbiner in hebräischer Sprache. Diese Treue angesichts der Gleichgültigkeit vieler Menschen von heute gegenüber Gott, die allen Grund hätten, Gott dankbar zu sein, ist vorbildlich und bewundernswert, hätte Frankl doch aufgrund seines persönlichen Schicksals Grund gehabt, mit Gott zu hadern und die Beziehung zu ihm abzubrechen. Aber er handelte wie Hiob und wurde an der göttlichen Weisheit, die alles menschliche Begreifen übersteigt und auch dann zu respektieren ist, wenn sie einen unvermutet trifft, nicht irre. Frankl begleitete auch seine katholische Frau gelegentlich in die Kirche, zeigte sich also insgesamt der jüdisch-christlichen Tradition verpflichtet und stand deren Postulaten, vor allen den zehn Geboten, wohl von allen österreichischen Psychiatern am nächsten.

Daher war ihm auch klar, dass man den Dekalog nicht um die ersten drei Gebote, die sich auf Gott beziehen, verkürzen kann, ohne auch den übrigen Geboten und Werten, die durch sie geschützt werden, Abbruch zu tun und sie ihres ontologischen Haltes und Urgrundes zu berauben. Frankl verstand seine Logotherapie freilich nicht als religiöse Botschaft, deren Annahme und Praktizierung von dem Glauben an Gott abhängig ist. Frankl legte sich diese Zurückhaltung wohl nicht nur aus methodischen Gründen auf, um niemanden auszuschließen, sondern weil er der festen Überzeugung war, dass eine Sinnsuche und -findung ohnehin früher oder später auf die eine oder andere Art zu Gott als dem höchsten Gut und Wert findet und in ihn mündet. Jedenfalls steht fest, dass Frankl mit seiner Lehre auf dem Boden zweier mächtiger humanistischer Traditionen – der antiken und der jüdisch-christlichen – steht und damit der philosophia perennis zuzurechnen ist. Diese geht im Gegensatz zum modernen Evolutionismus, der die Evolution verabsolutiert und zum alleinigen Erklärungsprinzip der Wirklichkeit macht, und zum Materialismus, wie ihn z. B. Franz M. Wuketits in Form eines Biologismus repräsentiert, von der Annahme und Überzeugung aus, dass der Urgrund der Wirklichkeit im Logos, in einer ursprünglichen und nicht abgeleiteten Vernunft besteht und sich durch das Wort an den Menschen als den Empfänger der göttlichen Botschaft richtet. Die Bedeutung, die die Logotherapie dem Wort und dem Gespräch zuweist, ist ohne diesen ontologischen Hintergrund der philosophia perennis, die gleichzeitig eine Philosophie des Logos im dreifachen Sinne ist, nicht verständlich.

5. Vom menschlichen zum göttlichen Bewusstsein

Friedrich Engels, mit seinem Freund Karl Marx
Schöpfer des dialektischen Lehrgebäudes des Marxismus, der später zum Marxismus-Leninismus pervertieren sollte, hat den Materialismus einmal als
„Erklärung der Welt aus sich selbst" definiert. Damit
steht er im Gegensatz zu metaphysischen Systemen
und Traditionen und zur Religion, die die irdische
Wirklichkeit als eine bloß abgeleitete und vergäng-
liche im Gegensatz zur ewigen Wirklichkeit als der
eigentlichen und letzten versteht. Der moderne Evolutionismus ist als ein müder Abklatsch dieses monumentalen Lehrgebäudes zu betrachten. Zwar teilt er
dessen Voraussetzungen sonst nicht, doch bezieht er
seine scheinbare Plausibilität wie der alte Materialismus daraus, dass er auf den ersten Blick, bei dem die
Evolutionisten dann aber stehen blieben und bleiben,
die einfachere Welterklärung zu sein scheint. Wozu
nach anderen Mächten und Kräften Ausschau halten, wo die Natur doch so nahe liegt und sich aus
ihrer Selbstbewegung und der der Materie alles
mühelos zu erklären scheint? Doch der menschliche
Geist ist von seiner immanenten Logik her gezwungen, im Zusammenhang mit der philosophischen
Grundfrage, in die Ferne zu schweifen und nicht
beim Nächstliegenden haltzumachen. Vor allem eine
Grundkraft drängt den suchenden Geist dazu, über
sich hinauszugehen: Dieser Faktor ist das menschliche Bewusstsein.

Am besten lässt sich der Übergang vom menschlichen zum göttlichen Bewusstsein an Hand der denkerischen Leistung des österreichischen Philosophen Max Adler rekonstruieren, der als politischer Denker ein revolutionärer Marxist, philosophisch aber ein Idealist reinsten Wassers war, der mit dieser seiner Position innerhalb der marxistischen Tradition ein Einzelgänger war und blieb.

Schon in seinem 1904 erschienenen Erstlingswerk „Kausalität und Teleologie im Streite um die Wissenschaft" tätigte Max Adler Aussagen, die sich auf das Bewusstsein überhaupt beziehen und den Vorrang des Bewusstseins vor allen sonstigen Gegebenheiten verfechten. So führte Adler in erkenntniskritischer Absicht schon damals das folgende aus: „Den Nichtbestand des Bewusstseins zu denken, ist ein wahrer Ungedanke. Wie wir nicht aus dem Raum, aus der Zeit, nicht aus der Kausalität und dem Dingbegriff, kurz aus keiner Form des Bewusstseins herauskommen, so können wir auch aus dem Bewusstsein selbst nicht heraus. Das Bewusstsein hat überhaupt keine Möglichkeit, den Nichtbestand sich nur einigermaßen vorstellig zu machen. Denn jedes Mittel, das es dazu ergreift, ist immer nur eine Betätigung des Bewusstseins selbst. Wir können eben das Bewusstsein selbst nur im Bewusstsein aufheben, und deshalb ist für das Bewusstsein der Gedanke, dass kein Bewusstsein sei, ein barer Widersinn, eine absolute Denkunmöglichkeit."

Allerdings fügte Adler im damaligen Stadium seines Gedankens noch einschränkend hinzu, dass daraus nur die Denknotwendigkeit, nicht aber die Seinsnotwendigkeit des Bewusstseins folgt.

Es sollte sich aber herausstellen, dass man in Konfrontation mit dem als Wissenschaft getarnten Materialismus nicht bei der erkenntnistheoretischen Form und Anerkennung des Bewusstseins stehen bleiben kann, sondern den Sprung in das Ontologische wagen muss. So führte Adler in seiner 1922 erschienenen Studie „Marx und Mach" aus, warum die materialistische Annahme, dass sich das Bewusstsein in kleinen Sprüngen aus der Materie entwickelt habe, falsch sein muss. „Zu meinen, dass sich das Bewusstsein gleichsam aus lauter halben, viertel oder tausendstel Bewusstseinsgraden heraufentwickelt hat, so dass das Bewusstsein gleichsam immer geisthaltiger wird wie ein immer hochgradigerer Alkohol, ist um nichts triftiger als die auch von Ernst Mach abgelehnte Meinung der Materialisten, dass Bewusstsein aus dem Bewusstlosen, aus dem Stoffe abgeleitet werden kann. In beiden Fällen liegt keine Entwicklung vor, sondern jedes Mal ein wunderbarer Sprung, den aber hier bloß das Denken macht."

Die als Triumph gedachte Frage Lenins: „Hat die Natur nicht vor dem Menschen existiert?" beantwortete Max Adler mit dem Diktum: „Gewiss hat die Erde vor dem Menschen existiert, aber nicht vor dem Bewusstsein."

An dieser Stelle wird deutlich, dass der menschliche Geist von seiner inneren Struktur her gedrängt wird, zum göttlichen Geist vorzudringen, ohne ihn beim Namen nennen zu müssen, dass der „unbewusste Gott" in uns, dem der schon besprochene Viktor E. Frankl ein eigenes Buch gewidmet hat, auch dort, wo er nicht erwartet und unausgesprochen bleibt, im menschlichen Geist am Werke ist, wie der folgende Passus aus der Studie Max Adlers demonstriert: „Es ist nicht leicht, so zu denken, aber man muss es versuchen. Man stelle sich einmal Folgendes vor: Die Entwicklungsidee nimmt einen Zustand an, da die Erde noch nicht war, also noch weniger der Mensch, sie spricht von langen Zeiträumen, die vergingen, bis endlich Tiere auftraten, die aber noch kein menschliches Auge sah, endlich erscheint der Mensch, vegetierte zehntausende von Jahren und leuchtet erst seit wenigen Jahrtausenden mit der Fackel seines Geistes in die Dunkelheit des unabsehbaren Weges, den er heraufgekommen. Das ist die Vorstellung der Entwicklung: aber es ist eine geradezu ungeheuerliche Verfehlung gegen die einmal gewonnene Grundeinsicht, dass alles Sein nur Bewusstseinsinhalt ist, jene Vorstellung nun einfach auf den Standpunkt der Erkenntnistheorie herüberzunehmen. Die Entwicklungstheorie darf für ihre Zwecke davon absehen, dass sie nirgends einen vom Denken abzusondernden und unabhängig zu machenden Stoff hat. Die Erkenntnistheorie kann hiervon niemals absehen. Die Zustände, in denen der Mensch noch nicht existierte, existieren doch nur im Denken und wären ohne dieses für uns gar nicht vorhanden. Und über den Wassern, aus denen sich die Welt erst zu bilden strebt, schwebt bereits der Geist des Bewusstseins, das diese Vorstellung hat."

Was Max Adler mit seiner Aussage kritisiert, ist eben jener Sprung, den der zeitgenössische Evolutionismus mit Hilfe, aber auch zu Lasten der Entwicklungstheorie macht, die Einsichten vermittelt, die aber nicht die letzten dem menschlichen Geist erreichbaren sind. Adler wird gleichsam widerwillig nicht nur philosophisch, sondern geradezu biblisch-theologisch.

In diesem Zusammenhang sei an die Debatte zwischen den Physiker-Weltgiganten Albert Einstein und Niels Bohr erinnert, in deren Rahmen Bohr die auf den ersten Blick absurd erscheinende Behauptung aufstellte, dass der Mond nur dann existiere, wenn er von jemandem beobachtet wird. Doch die Behauptung Bohrs legt die zitierte Annahme Adlers nahe, dass es vor dem menschlichen Bewusstsein, das erst im Laufe der Evolution entstand, einen Beobachter, ein Bewusstsein gegeben haben muss, in dem die Welt von jeher abgebildet war und dem das menschliche Bewusstsein seine Existenz verdankt. Nicht nur der Mond, sondern alle Objekte des Universums, sind in einem überzeitlichen jenseitigen Bewusstsein verankert und durch dieses im Sein erhalten. Was die christliche Tradition „creatio continua" nennt, so dass die Schöpfung nicht ein einmaliger Akt, sondern eine fortdauernde Einwirkung des Geistes auf die Materie war, ist und bleibt, solange die Welt besteht.

In der Geschichte der Philosophie finden sich bei den verschiedensten Denkern im Rahmen der verschiedensten Traditionen Hinweise, die in diese Richtung weisen wie die wiedergegebene Argumentation

Max Adlers. So hat der englische Philosoph und Theologe George Berkeley (1685–1753) die Formel „esse = percipi" geprägt, die besagt, dass das Sein der Dinge nur im Wahrgenommenwerden besteht und dass es weder ein gedachtes noch ein empirisch fassbares Sein gibt, das sich dieser Formel entzieht oder ihr gar widerspricht. Im Übrigen stimmt diese Analyse Berkeleys, den selbst Lenin für einen „klugen Idealisten" hielt, mit der positivistischen des „Wiener Kreises" überein, dass man nur über fassbare und messbare Dinge wissenschaftliche Aussagen machen kann. Nur ist die Materie nach materialistischer Lesart vor dem Auftreten des menschlichen Geistes und somit in einem Großteil ihrer Entwicklung in keinerlei Bewusstsein gewesen, ist von niemandem und nichts wahrgenommen worden. Trotzdem stellen die Materialisten seelenruhig und wie selbstverständlich Behauptungen auf, die sie eigentlich nicht als gesicherte Erkenntnisse ausgeben und präsentieren dürften. Wenn die Materie auf ihrem Weg zum Geist und zum Bewusstsein stehengeblieben wäre – und welche Kraft hätte sie, wenn es keinen planenden Geist gäbe, der ein Ziel vorgibt, daran hindern sollen? Dann hätte der Entwicklungsprozess eigentlich gar nicht stattgefunden, sondern würde wie die Materie ins Nichts versinken.

Einen ganz ähnlichen Gedanken wie Max Adler und Berkeley mit den von mir angedeuteten Konsequenzen hat der katholische Philosoph Robert Spaemann, der unlängst seinen 85. Geburtstag feierte, entwickelt, ja ihn sogar kühn als „letzten Gottesbeweis" bezeichnet. Für ihn stellt sich nicht nur die Frage, was aus dem Sein geworden wäre, wenn es das Stadium des Bewusstseins nicht erreicht hätte, sondern gleichsam vom Ende her die parallele, was aus der Wirklichkeit geworden wäre oder werden würde, wenn es kein die Entwicklung begleitendes Bewusstsein gäbe. Spaemann argumentiert mit dem grammatischen futurum exactum als einem Teil jener Grammatik, von der schon Nietzsche sagte: „Ich fürchte, wir werden Gott nicht los, weil wir noch an die Grammatik glauben, die wir aber, solange wir denken und denkend argumentieren, nicht los werden können." Der Gedankengang Spaemanns verläuft wie folgt: „Das futurum exactum ist für uns denknotwendig mit dem Präsens verbunden. Von etwas sagen, es sei jetzt, ist gleichbedeutend damit, zu sagen, es sei in Zukunft gewesen. In diesem Sinne ist jede Wahrheit ewig ... Das Gegenwärtige bleibt als Vergangenheit des künftig Gegenwärtigen immer wirklich. Aber von welcher Art ist diese Wirklichkeit? Man könnte sagen, in den Spuren, die sie durch ihre kausale Einwirkung hinterlässt. Aber diese Spuren werden schwächer und schwächer! Und Spuren sind sie nur, solange das, was sie hinterlassen, als es selbst erinnert wird.

Solange Vergangenes erinnert wird, ist es nicht schwer, die Frage nach seiner Seinsart zu beantworten. Es hat seine Wirklichkeit eben im Erinnertwerden. Aber die Erinnerung hört irgendwann eben einmal auf. Und irgendwann einmal wird es keine Menschen mehr auf Erden geben. Schließlich wird die Erde selbst verschwinden. Da zur Vergangenheit immer eine Gegenwart gehört, deren Vergangenheit sie ist, müssten wir also sagen: Mit der bewussten Gegenwart – und Gegenwart ist immer nur als bewusste Gegenwart zu verstehen – verschwindet auch die Vergangenheit. Und das futurum exactum verliert seinen Sinn. Aber genau das können wir nicht denken. Der Satz: ‚In ferner Zukunft wird es nicht mehr wahr sein, dass wir heute Abend hier zusammen waren' ist Unsinn. Es lässt sich nicht denken. Wenn gegenwärtige Wirklichkeit einmal nicht gewesen sein wird, dann ist sie gar nicht wirklich. Wer das futurum exactum beseitigt, beseitigt das Präsens. Aber noch einmal: Von welcher Art ist diese Wirklichkeit des Vergangenen, das ewige Wahrsein jeder Wahrheit? Die einzige Antwort kann nur lauten: Wir müssen ein Bewusstsein denken, in dem alles, was geschieht, aufgehoben ist, ein absolutes Bewusstsein."

Aber es sind nicht nur Philosophen wie Max Adler, George Berkeley und Robert Spaemann, die zu einem absoluten Bewusstsein vordringen, sondern auch Physiker, wie Herbert Pietschmann, der in seinem Buch „Gott wollte Menschen – Die Genesis ist jeden Tag" die folgende Aussage macht: „Das Bewusstsein war am Anfang, denn es gab keine Zeit – es war in der Ewigkeit, in der Allgegenwart. Das Bewusstsein entfaltet seine Kraft, es entfaltete sich, denn seine Kraft war es selbst. Es gab nur das Bewusstsein, nichts als das Bewusstsein."

Die Materialisten ziehen aus der Tatsache, dass das menschliche Bewusstsein an eine Gehirnmaterie gebunden ist, den voreiligen und grenzüberschreitenden Schluss, dass es kein anderes Bewusstsein geben kann, ja geben darf. Wären sie selbstkritisch und nicht dogmatisch, so würden sie eine solche Möglichkeit, für die jedenfalls einiges spricht, wenn es auch nicht mit absoluter Sicherheit erschlossen werden kann, wenigstens offenlassen.

In Wirklichkeit geben sich all jene, die vom Bewusstsein als einer Urtatsache absehen wollen, wie Max Adler demonstriert hat, einer Täuschung hin, die als Selbsttäuschung dann auch zur Täuschung anderer führt. Von einer Welt außerhalb jedes Bewusstseins kann man zwar reden und schreiben, man kann sie aber nicht auch wirklich denken, denn man denkt das, was man wegdenken zu können glaubt, gleichzeitig auch schon mit. Der Hinweis, dass fast alle großen Philosophen Vertreter eines absoluten Geistes und Bewusstseins waren, ist also kein bloßer Autoritätsbeweis, sondern ein eindrucksvolles Zeugnis für die Übermacht des Geistes, der der Versuchung widersteht und trotzt, alles auf die Materie zurückzuführen.

Jedenfalls ist die Meinung, dass man alles nur materialistisch deuten könne und dass selbständige Naturprozesse ohne Zutun eines höheren Bewusstseins verlaufen sind, alles andere als eine Selbstverständlichkeit, als die sie hingestellt wird, sondern sie bereitet dem menschlichen Denken mehr Schwierigkeiten als die gegenteilige Annahme. Der große deutsche Physiker Carl Friedrich von Weizsäcker hat den von den Materialisten verleugneten Zusammenhang zwischen dem absoluten Geist und der Entwicklung der Natur in seinem 1976 erschienenen Werk „Die

Tragweite der Wissenschaft – Schöpfung und Weltentstehung" dargelegt und so die Zusammengehörigkeit von Physik, Philosophie, ja auch Theologie eindrucksvoll demonstriert.

Während es bei der Ableitung des Menschen aus dem höheren Tierreich eine solide wissenschaftliche Basis gibt, so dass es sich bei der Deszendenztheorie um mehr als eine bloße Hypothese handelt, ist die Ableitung des menschlichen Bewusstseins, ja des Bewusstseins überhaupt aus der Materie eine bloße Annahme und Behauptung, die für die Evolutionisten nur deshalb als gesichert gilt, weil sie die Möglichkeit einer Ableitung aus einem anderen, höheren Bewusstsein aufgrund ihres Vorurteils gar nicht ins Auge fassen.

Dabei hat schon der materialistisch gesinnte Naturforscher Emil du Bois-Reymond im Jahre 1872 in einer Stellungnahme zum Thema „Über die Grenzen des Naturerkennens" den berühmten Satz „Ignoramus et ignorabimus" (deutsch: „Wir wissen es nicht und werden es nie wissen") geprägt, der die Unmöglichkeit, die Herkunft des Bewusstseins je erklären zu können, beinhaltet. Er führte zur Verdeutlichung dieses Gedankens weiter aus: „... es tritt nunmehr, an irgendeinem Punkt der Entwicklung des Lebens auf Erden, den wir nicht kennen ..., etwas Neues, bis dahin Unerhörtes auf, etwas ... Unbegreifliches. Der in negativ unendlicher Zeit angesponnene Faden des Verständnisses zerreißt und unser Naturerkennen gelangt an eine Kluft, über die kein Steg, kein Fittich trägt: wir stehen an der Grenze unseres Witzes.

Dies neue Unbegreifliche ist das Bewusstsein. Ich werde jetzt, wie ich glaube, ... dartun, dass nicht allein bei dem heutigen Stand unserer Kenntnis das Bewusstsein aus seinen materiellen Bedingungen nicht erklärbar ist, ... sondern dass es auch der Natur der Dinge nach aus diesen Bedingungen nie erklärbar sein wird." Diese Einsicht von du Bois-Reymond ist nicht Schnee von gestern, weil sie aus dem Jahre 1872 stammt. So hat der Marburger Philosoph Peter Bierri, der sich jahrzehntelang mit der Hirnforschung beschäftigt hat, zum „Rätsel des Bewusstseins" ausgeführt, dass sich an der Sachlage und den von du Bois-Reymond gezogenen Konsequenzen auch heute nichts Grundlegendes geändert hat und wir mehr staunen als erklären können.

Der Philosoph Colin McGinn führte in seinem Werk „Wie kommt der Geist in Materie?" aus: „Es ist eine Illusion zu glauben, dass der Geist, das Bewusstsein, nichts weiter ist als ein Spiel der Neuronen."

Angesichts des Wunders des Bewusstseins sollte man entweder die Stärkung der auch aus anderen Quellen gespeisten Überzeugung, dass wir mit unseren Gedanken in eine Überwelt hineinragen und diese umgekehrt in unsere Welt hineinwirkt, mit einbeziehen oder wenigstens das Eingeständnis wagen, dass die Wissenschaft überfordert ist und bleiben wird, mit ihren Mitteln dieses Wunder aufzuklären. Als Beispiel für die erstere Haltung sei die eines führenden theoretischen Physikers unserer Zeit, des Oxforder Mathematikers Roger Penrose angeführt, der in einem Vortrag in Wien laut „Die Presse" vom 18.

Juni 1997 sagte: „Das Bewusstsein ist etwas ganz anderes als andere Phänomene. Darum brauchen wir auch eine ganz andere Physik dafür." In weiterer Folge ließ Penrose erkennen, dass diese Physik eine metaphysische sein muss. Penrose bezeichnete sich selbst als „Platoniker", der überzeugt ist, dass z. B. Mathematik „außerhalb von uns und außerhalb der physikalischen Welt existiert". Er kam geradezu ins Schwärmen, wenn er ausführte: „Man könnte nicht Physik betreiben, ohne von dieser majestätischen Schönheit angezogen zu sein. Wie alles passt, das überwältigt einen immer wieder aufs Neue". Penrose ist es im Gegensatz zu den Materialisten klar, dass das Passende nicht nur aus der Anpassung abzuleiten ist, dass es aus einer höheren Sphäre stammt und ihr angehört. Es ist bezeichnend, dass Penrose seinem auch in deutscher Sprache erschienenen Buch den Titel „Schatten des Geistes" verlieh, in dem er „Wege zu einer neuen Physik des Bewusstseins" suchte und beschritt.

Es ist bemerkenswert, dass es vor allem Biologen und neuerdings auch Biologinnen wie Renée Schroeder sind, die sich mit der Berufung auf die Evolution zufriedengeben und jeden Ausblick auf eine höhere Wirklichkeit blockieren. Dagegen sind nicht nur viele Physiker und Mathematiker Anhänger eines metaphysisch fundierten Glaubens, sondern vor allem Astronomen, die sich das Wunder des „gestirnten Himmels über mir", von dem Kant sprach, nicht einfach aus der Evolution erklären lassen. So waren z. B. die Wiener Astronomen Josef Hopmann und Joseph Meurers bekennende Gläubige. Meurers wurde nach seiner Pensionierung auch Diakon der katholischen Kirche, hat sich aber auch wissenschaftlich mit dem Zusammenhang zwischen seinem Fach und der Religion beschäftigt, so in einem Buch mit dem Titel: „Die Frage nach Gott und die Naturwissenschaft" (München 1982).

Einen kräftigen Schub hat der Evolutionismus durch die moderne Gehirnforschung erhalten, innerhalb derer Autoren wie Wolf Singer und Gerhard Roth in den Ergebnissen dieser Disziplinen Argumente für den Materialismus und den die Willensfreiheit leugnenden Determinismus zu finden behaupten. Doch auch hier ist der Widerspruch seitens der traditionellen Philosophie und natürlich erst recht der Theologie nicht ausgeblieben. Schon Max Adler meldete zu seiner Zeit, in der der Materialismus und Evolutionismus noch nicht so sehr im Schwange war wie heutzutage, prinzipielle und daher heute mehr denn je gültige Bedenken gegen übertriebene und daher falsche Schlussfolgerungen an, wenn er schon damals meinte: „Das Bewusstsein findet als einen seiner Inhalte vor, dass das menschliche Denken an ein Gehirn gebunden ist. Aber dieses Finden selbst ist nicht an ein Gehirn gebunden. Man beachte nur, dass das Denken selbst sich unmittelbar weiß. Dagegen weiß kein Denken von seinem Gehirn und wir wissen vom Gehirn nur durch die sinnliche Wahrnehmung desselben, also durch einen Bewusstseinsakt."

Der Vergleich zwischen Gehirn und Bewusstsein ist am ehesten mit der zwischen einem Instrument und den ihm durch einen Betätiger desselben entlockten Tönen zu vergleichen. Ohne ein Instrument und einen, der es mehr oder weniger virtuos bedient, können die schönsten Kompositionen nicht hörbar und erlebbar werden. Aber weder die zu Gehör gebrachte Komposition noch die Leistung des Interpreten ist durch die materiellen Bedingungen, unter denen sie hervorgebracht werden, erklärbar und ableitbar. Die hinreichende Bedingung liegt in den Persönlichkeiten von Komponist und Interpret, für die das Gehirn ebenso jeweils nur ein Instrument ist.

Der historische Irrtum, den der Phrenologe Franz Joseph Gall beging, indem er die Fähigkeiten besonderer Menschen und Talente im Gehirn lokalisieren wollte, wird heute von den materialistischen Aposteln des Gehirndeterminismus wiederholt. Beiden Formen des Materialismus ist entgegenzuhalten, was der Wiener Philosoph Günther Pöltner wie folgt festgestellt hat: „Ist das Gehirn die Instanz der Selbstzuschreibung – der evolutionären Erkenntnistheorie bleibt konsequenterweise keine andere Wahl –, geraten wir entweder in die bekannte Verdoppelung der Subjekte (Ich und Gehirn) oder in die Identifikation meines Selbst mit meinem Gehirn. In beiden Fällen wird die theoretische Abschaffung des Menschen als eines verantwortlichen Wesens betrieben ... wir werden zu bloßen Durchführungsorganen unseres Gehirns! Das mag zwar eine volle Entlastungsstrategie liefern – man kann sich immer auf sein Gehirn ausreden – nur ist dieser Satz in der Erfahrung nicht auszuweisen. Ausweisen lässt sich höchstens, dass wir ohne funktionstüchtiges Gehirn nicht selbstständig tätig sein können."

Der evolutionistische Materialismus stellt ein Attentat auf die Grundlagen unseres Zusammenlebens dar, denn ohne die Annahme der Freiheit, auf der die Verantwortlichkeit und Zurechenbarkeit der menschlichen Handlungen beruhen, würde das menschliche Zusammenleben zusammenbrechen. Daher hat Immanuel Kant die Freiheit als eines der Postulate der praktischen Vernunft in die Philosophie eingeführt, was nicht bedeutet, dass diese Postulate, nur, weil sie der praktischen und nicht der theoretischen Vernunft entspringen, niederrangig und weniger wahr sind. Im Gegenteil: Kant hat diese Postulate nicht im Sinne von Fiktionen, als ein Als-ob postuliert, sondern als andere Zugänge zur Wahrheit. So wie die intelligible Welt, in der der Mensch ebenso beheimatet ist wie in der phänomenal-empirischen, nicht dadurch problematisiert wird, dass sie nicht auf dieselbe Art zugänglich wird wie die empirische Welt, so wenig vermindert auch die Herkunft der praktischen Postulate nicht deren Wahrheit und Gültigkeit. Neben der Freiheit gelten laut Kant übrigens auch Gott und Unsterblichkeit als Postulate der praktischen Vernunft. Auch Gott wird daher durch die Ansiedlung in der praktischen Vernunft nicht zu einer Wahrheit minderer Ordnung und Wahrscheinlichkeit. Die praktische Vernunft hat gegenüber der reinen Vernunft schon deshalb, aber nicht nur deshalb, einen Vorrang, weil wir nach dem Motto „primum vivere deinde philosophari" (deutsch: zuerst kommt das Leben, auf dessen Grundlage Philosophie erst möglich wird) ohne diese Postulate nicht leben und überleben könnten. So ist auch die Frage nach Gott für den Einzelnen und für eine Kultur eine Frage des geistigen Überlebens.

Die Gottesbeweise sind durch Kant mit Recht als unumstößliche wissenschaftliche Beweise erschüttert oder gar „zermalmt" worden, Gott selbst aber hat auch vom Standpunkt des philosophisch oder religiös Gläubigen dadurch keine Minderung erfahren. Auch vom theologischen Denken her kann und soll Gott kein Gegenstand eines Beweises sein, weil Gott als Person sich zunächst dem Menschen zuwendet. Daraufhin öffnet sich der Mensch für Gott, dessen er ja bedarf, damit die personale Relation, die Ich-Gott-Beziehung im Sinne Martin Bubers, hergestellt wird. Das heißt freilich nicht, dass jene, die Gott leugnen oder von ihm absehen, seiner Allmacht entzogen bleiben. In diesem Zusammenhang gilt im christlichen Sinn, was schon antike Weisheit war. Wenn Seneca meinte: „ducunt volentem fata, nolentem trahunt" (deutsch: „Den Willigen führt das Schicksal, den Widerstrebenden schleppt es mit."), so gilt dieser Satz erst recht für eine Person, für deren Lenkung in der religiösen Tradition das Wort „Vorsehung" anstelle des blinden Schicksals steht, das wahr bleibt, auch wenn Hitler sich blasphemisch auf sie berufen hat. Gleichfalls bleibt die Liebe als Idee wahr, auch wenn sie noch so oft von Menschen als Vorwand missbraucht und mit Füßen getreten wird.

Das dritte der schon angeführten Postulate der praktischen Vernunft, die Unsterblichkeit der Seele, ist im doppelten Sinn des Wortes überlebenswichtig:

Sie verleiht dem Leben jenen Sinn, der es erst lebenswert macht, und sie führt den Menschen bis an die Grenzen des Über-Lebens in einer anderen Welt.

Eine andere Zugangsart zum Göttlichen und zu Gott ist das menschliche „Gefühl der schlechthinnigen Abhängigkeit", das der Philosoph, Theologe und Hermeneutiker Daniel Friedrich Schleiermacher (1768–1834) als Begründung für den Wert und die Gültigkeit der Religion eingeführt hat. Dieses Gefühl des Ausgeliefertseins kann freilich auch in Fatalismus und Pessimismus münden, sie muss, um sich für den Menschen nicht negativ auszuwirken, mit dem „Urvertrauen" gekoppelt sein. Dieses wird von den Eltern als den ersten Bezugspersonen, aber eben nicht nur von ihnen, sondern von einer transzendenten, dem Menschen wohlgesinnten Kraft und Person vermittelt.

Ein anderer protestantischer Theologe, nämlich Rudolf Otto (1869–1937), hat die Religion mit dem „Heiligen" als einer besonderen Kategorie, die ebenfalls in eine höhere Welt entführt, nicht nur in Verbindung gebracht, sondern es als den eigentlichen Kern der Religion identifiziert. Die Religion stellt nach ihm ein „Mysterium tremendum et fascinosum" dar, konfrontiert den Menschen also mit einer überlegenen Kraft, die eine besondere Anziehungskraft auf das Gemüt des Menschen ausübt. Diese Fähigkeit der Wahrnehmung des Heiligen und des Mysteriums überhaupt geht freilich im Rahmen einer reduktionistischen Philosophie verloren, die allenfalls noch nicht gelöste Probleme kennt und zugibt, dem Begriff des Mysteriums aber nichts Förderliches abgewinnen kann. Wenn der Wert des Heiligen nicht mehr anerkannt wird, folgt daraus, dass dem Menschen auch sonst nichts mehr heilig ist, wie überhaupt der Verzicht des Ausblicks auf transzendente Werte viele Werte, die auch im Alltag eine Rolle spielen sollten, zum Verschwinden bringt. Folglich verlieren auch die ihnen zugeordneten Begriffe wie Ehrfurcht, Demut, Andacht, Anbetung und andere mehr ihren Sinn und erscheinen als bloße Relikte einer verflossenen Zeit. Es verschwinden dann aber nicht nur Worte, sondern auch die ihnen zugeordneten Haltungen und Tugenden, auch ein Begriff, der nur im Rahmen einer metaphysisch orientierten Weltlehre Sinn macht. Insgesamt führt der Evolutionismus also nicht nur zu einer Engführung des Denkens, sondern auch zu einer Verarmung des Gefühls- und Erlebnishaushaltes.

6. Menschliches und göttliches Wissen

Der Grundgegensatz, der die Geschichte der Philosophie durchzieht und bis auf den heutigen Tag in zwei Lager teilt, ist die Lokalisierung von Wissen und Vernunft im Sein. Während die evolutionistischen und materialistischen Wissenschaftler, wie Franz M. Wuketits, die auch als Philosophen dilettieren, ohne solche zu sein, das Wissen als etwas im Laufe der Evolution Hinzugekommenes ansehen und nicht im Ursprung des Seins ansiedeln, beharrt die traditionelle Philosophie, die im Anschluss an Gottfried Wilhelm Leibniz nicht nur als philosophia perennis, als immerwährende Weisheit gegenüber philosophischen Modeerscheinungen, darauf, dass das Sein im Ursprung ein sich selbst Erkennendes ist und Vernunft sowie Wissen nicht erst etwas Nachträgliches sind. Und als Logos-Philosophie geht sie vom Primat der Vernunft, der den Kern des Seins ausmacht, aus. Den materialistischen Standpunkt hat der Evolutionist Gerhard Vollmer kurz und klar wie folgt formuliert: „Die Welt könnte auch sein ohne erkennendes Wissen, ohne Erkenntnis. Dass es Wissen über die Welt geben muss, folgt aus keiner Logik, aus keiner Erkenntnistheorie, aus keiner Ontologie, es ist kontingent, nicht notwendig, empirisch, aber nicht a priori wahr."

Der das Wissen als kontingent verstehende Materialismus ist unter dieser Voraussetzung mit der Schwierigkeit konfrontiert, das Auftreten des bis dahin nicht vorhandenen Wissens und die sie regulierende Vernunft aus der Natur zu erklären, und hat dabei seine liebe Not. Er behilft sich, indem er unendlich lange Zeiträume, in denen sich die Vernunft erst herauskristallisierte, einführt und verantwortlich macht. Mit dieser Ausflucht fällt der Materialismus nicht nur hinter die Kantsche Erkenntnis, derzufolge Raum und Zeit nur Formen der menschlichen Anschauung, aber nicht Beschaffenheiten des „Ding an sich" sind, zurück. Der Materialismus verfehlt durch die Verlegung von Raum und Zeit auch jenen Gegensatz, von dem die traditionelle Philosophie ausgeht. Dieser Gegensatz ist demnach zwischen den Dingen und Vorgängen in Raum und Zeit, die einen Ort brauchen, aber auch einen Anfang und ein Ende haben und der Ewigkeit, die jenseits von Raum und Zeit existiert und für die die innerweltlichen Kategorien, zu denen auch die Kausalität gehört, keine Geltung haben. Die traditionelle Philosophie liefert also nicht wie der Materialismus ein Mehr von demselben, also einen unendlich langen Zeitraum statt des mit Anfang und Ende behafteten innerweltlichen, sondern eine grundsätzlich andere, vorrangige und der irdischen Wirklichkeit überlegene und diese relativierende. Auch die Lehre vom Urknall als eine zwar nicht außer Streit stehende, aber von vielen renommierten Wissenschaftlern vertretene, vermag den Gegensatz zwischen Zeit und Ewigkeit nicht zu überbrücken, sondern beschreibt nur, wie das endliche Sein aus dem unendlichen hervorgegangen sein kann. Anstelle des infiniten Regresses, mit dem der Materialismus das Problem der Weltentstehung und der Letztbegründung lösen zu können meint, setzt der philosophische Idealismus verschiedener Prägungen einen Punkt, von dem aus die Bewegung losgegangen ist, die schließlich zur Welt bis zu unserer Gegenwart führte. Aristoteles hat den „ersten unbewegten Beweger" als Denkfigur eingeführt, die sich als plausiblere Welterklärung gegenüber dem infiniten Regress, den der Materialismus vornimmt, erweist. Diese Annahme steht auch in keinem Widerspruch zu wissenschaftlichen Erkenntnissen, denn deren philosophische Abrundung kann nicht jene Eindeutigkeit für sich in Anspruch nehmen, die exakte Naturwissenschaft anstrebt und oft auch erreicht. Bei dieser Sachlage ist es verständlich, wenn viele Naturforscher das letzte Urteil aussetzen, aber jedenfalls weit davon entfernt sind, die Sicht der traditionellen Philosophie gänzlich zu verwerfen und für untauglich zu erklären, wie es ihrer Sache allzu sichere Materialisten und Evolutionisten tun.

So hat der schon zitierte Erwin Schrödinger seine Weltsicht in einer Weise zusammengefasst, die der Selbstsicherheit des Materialismus, der vermeint, alle Probleme erkennen und auch lösen zu können, entgegengesetzt ist, wie aus dem bereits in der Einleitung angeführten Zitat deutlich wurde.

Diese Charakterisierung ist der traditionellen Philosophie und besonders der christlichen Schöpfungstheologie viel eher auf den Leib geschrieben als der Materialismus und schafft nicht nur Raum für metaphysische Überlegungen, sondern auch für den Glauben, der die Möglichkeiten der reinen Vernunft übersteigt, aber diese nicht ausschließt, sondern einschließt.

Die Schwierigkeiten, die sich der Materialismus mit seiner Weigerung, die Vernunft im ursprünglichen Sein zu entdecken und festzumachen, einhandelt, hat Günther Pöltner am treffendsten zusammengefasst: „Was die evolutionäre Erkenntnistheorie als Naturgeschichte der Vernunft rekonstruiert, sind über Jahrmillionen sich erstreckende Veränderungen. Ihre Erklärung besteht in Wahrheit darin, dass dasjenige, wodurch überhaupt erst ein Beginn der Naturgeschichte zugänglich werden kann – es ist dies die Vernunft selbst – zuerst methodisch ausgeklammert und am Schluss des Selbstrekonstruktionsvorganges wieder eingeführt wird. In einem ersten Schritt wird die Vernunft, durch die allein so etwas wie Beginn, Anfang, Herkunft erschlossen wird, als noch nicht existent deklariert (Vorstellung einer Natur ohne Vernunft). An einem bestimmten Punkt des Rekonstruktionsverfahrens wird die Deklarierung der Nicht-Existenz der Vernunft wieder rückgängig gemacht (es kommt zur Natur mit Vernunft). Die schon existierende Vernunft denkt sich zunächst aus der Natur weg und denkt sich dann wieder dazu. Dieser logische Prozess von Existenz-Aufhebung und nachträglicher Aufhebung dieser Aufhebung wird als realer Entstehungsvorgang der Vernunft ausgegeben. Dieser erschlichene Übergang wird mit der Einführung unvorstellbar langer Zeiträume und unvorstellbar komplexer Vernetzungen kaschiert."

Was Pöltner hier skizziert, ist im aufgezeigten Wechsel zwischen Verschwindenlassen und Wiederauftauchen viel eher die Beschreibung eines Taschenspielertricks als die Charakterisierung einer seriösen wissenschaftlichen Theorie. Der Mensch vermag den Schatten der Vernunft weder abzuschütteln, noch ihn zu überspringen oder hinter ihn zurückzuspringen. Und die Welt der bloßen Materie und ohne Vernunft erinnert an das Märchen „Der Mann ohne Schatten" von Adalbert von Chamisso, in der sich der Titelheld vergeblich bemüht, seinen Schatten loszuwerden und anzubringen. Es wird klar, dass es wesentlich vernünftiger ist, an die Entstehung der menschlichen Vernunft aus einer dem Sein innewohnenden göttlichen Vernunft zu glauben als an deren Entstehung aus der bloßen Natur und Unvernunft. Wenn Goethe einmal sagte: „Die Natur verbirgt Gott! Aber nicht jedem!", so hat er damit zum Ausdruck gebracht, dass es am Menschen liegt, ob er bei der Natur und in der Natur stehenbleibt oder durch sie auf die Ewigkeit und den Ewigen blickt. Der Naturforscher ist qua Wissenschaft nicht gezwungen, diesen Schritt vorzunehmen, ja er darf es im Rahmen der Wissenschaft auch gar nicht. Er ist aber als Mensch wie jeder andere eingeladen, vom göttlichen Angebot Gebrauch zu machen und in existentielle Kommunikation mit jenem die Welt überragenden Sein zu treten, das als dessen Ursprung und Ursache mindestens auf der Seinshöhe des geschaffenen Seins stehen, also auch und vor allem Personalität und Bewusstsein haben muss.

Es führen viele Wege zu Gott, einer der eindrucksvollsten ist aber einer, der mit dem Wissen und dem Anspruch auf Wahrheit zusammenhängt. Wahrheit ist nun einmal der Zentralwert, der Wissenschaft und Philosophie miteinander verbindet. Man kann alle möglichen Eigenschaften, die die philosophische Gotteslehre Gott als dem Inbegriff und der Fülle des Seins zuschreibt, auf die Materie übertragen, so könnte die Materie als allgegenwärtig gedacht werden, und wird vielfach auch so verstanden. Eine Eigenschaft hat die Materie aber sicher nicht: die der Allwissenheit, denn die Materie weiß ja nichts von sich selbst und kommt nach materialistischer Lesart erst im Laufe der Evolution zu ihrem Wissen.

Brauchen wir aber überhaupt die Annahme der Allwissenheit? Der polnische, und vom Marxismus herkommende, aber nicht bei ihm stehengebliebene Philosoph Leszek Kołakowski (1927–2009) hat 1978 im Rahmen eines dann auch in Buchform erschienenen Symposiums „Glaube und Wissen" dargetan, dass der Glaube an ein Wissen, das die Wahrheit nicht nur kennt, sondern auch Wahrheit ist und begründet, auch für die Philosophie unverzichtbar ist. Kołakowski führte damals aus: „Aus der bloßen Existenz Gottes können wir nicht wissen, was wahr ist, wohl aber, dass überhaupt etwas wahr ist … Damit überhaupt etwas wahr ist, muss ein Subjekt vorhanden sein, das nicht irren kann." Weiters argumentiert Kołakowski: „So ein Subjekt aber muss allwissend sein, ein Subjekt, das zwar nur ein Teilwissen, aber innerhalb dieses Teilwissens eine vollkommene Gewissheit hätte, ist undenkbar, jede besondere Wahrheit kann nur dann eine absolute Gewissheit bringen, wenn sie auf die allumfassende Wahrheit bezogen ist, sonst ist ihr Sinn nie sicher." Kołakowski führte diesen Gedankengang weiter: „Der Eigentümer dieser Teilwahrheit kann nie wissen, wie weit und auf welche Weise die ihm unbekannte Wahrheit den Sinn aber, den er kennt, verändern möge, auch ist ihm der Gültigkeitsbereich der bekannten Wahrheiten verhängnisvoll unbekannt. Folglich: Ohne allumfassende Wahrheit gibt es keine besondere, die allumfassende Wahrheit setzt aber das unendliche allwissende Subjekt voraus." Und zum Schluss seiner Ausführungen kleidete Kołakowski die Quintessenz seiner Ausführungen in die Worte: „Wir stehen vor der Wahl: Entweder Gott oder kognitiver Nihilismus. Es gibt nichts dazwischen." Der Gedankengang Kołakowskis mündet in die traditionelle Philosophie und begründet das Wort des hl. Paulus: „Unser Wissen ist Stückwerk" (1 Kor 13:9).

Die Wahrheit als Zentralwert der Wissenschaft ist am besten begründet, wenn sie einerseits ein Wissen jenseits von Raum und Zeit absolut setzt, daraus aber nicht den Schluss zieht, dass der Mensch zur Unwissenheit verurteilt ist, im Gegenteil: Nur durch die Teilhabe an einer allumfassenden Wahrheit gewinnt das menschliche Streben nach Wahrheit seinen Sinn, aber im Notwendigen zurückbleibt hinter dieser transzendenten Wahrheit lernt das menschliche Wissen und der Wissenschaftler selbst Bescheidenheit, weil ihm bewusst ist, dass jedes Streben nach Wahrheit und jede erkannte Wahrheit nur eine Annäherung sind. Gleichzeitig lehrt uns der paulinische Wahrheitsbegriff, den sich Kołakowski zu eigen gemacht hat, dass wir nicht im Irrtum verharren dürfen und an der Möglichkeit, nicht alles erklären zu können, nicht verzweifeln müssen und dürfen.

Was dieser Aufblick auf Gott als das allwissende Subjekt jedenfalls zu vermitteln vermag, ist der Optimismus, überhaupt etwas erkennen zu können und nicht ins Leere oder ins Ungefähr abgleiten zu müssen. Aber auch der legitime, ja notwendige Relativismus, der nicht mit dem skeptizistischen Relativismus identisch ist, der in philosophischen Richtungen dominiert, eine absolute Perspektive ablehnt oder nicht ins Auge fassen will, ist ein Hinweis auf Gott als Allwissenden. Gott ist freilich als das höchste Sein und Gut nicht nur Wahrheit, sondern auch der Zentralwert des Guten, der die Ethik beherrscht, und der des Schönen, der in der Ästhetik und in den Künsten dominiert.

Es ist daher kein bloßer Zufall, wenn die Ausblendung Gottes aus der Betrachtung der Welt zu dem führt, was Martin Buber als „Gottesfinsternis" und der Philosoph Eric Voegelin als „Realitätsfinsternis" bezeichnet hat, eine Verfinsterung, die im 20. Jahrhundert einen Höhe- bzw. Tiefpunkt erreichte. Dass die Wirklichkeit einen Wert hat, begründet sich von einem höchsten Wert her, denn jede Wertpyramide hat auch eine Stufenleiter und Spitze.

Die Respektierung der göttlichen Allwissenheit ist ein Schutz gegen die Versuchung, dem Menschen Allwissenheit zuzuschreiben und ihm damit auch Allmacht einzuräumen. Eine solche Haltung überfordert nicht nur die Wissenschaft, sie kann auch in die

Humanität gefährdende Allmachtsansprüche ausarten. In dem schon erwähnten Beitrag in der Kapellari-Festschrift wider die „Allwissenheit der Wissenschaft", die als „Anmaßung" charakterisiert wurde, habe ich schon vor dieser Fehlentwicklungen begünstigenden Haltung gewarnt. In diesem Zusammenhang ist daran zu erinnern, dass die kommunistische Zentralverwaltungswirtschaft in den Ländern des „realen Sozialismus" auf der Fiktion beruhte, vom grünen Tisch aus alles erfahren, planen und lenken zu können. Die Wirklichkeit hat freilich gezeigt, dass diese Anmaßung der empirischen Prüfung nicht standhielt. Der österreichische Nobelpreisträger Friedrich von Hayek, mit dessen extrem liberaler Position man nicht einverstanden sein muss, hat jedenfalls mit seiner Voraussage und Analyse eines allwissenden staatlichen oder sonstigen kollektiven Subjektes, das angeblich alles überblicke und daher auch alles planen könne, Recht behalten. Eine solche Allwissenheit kommt keinem irdischen Wesen oder kollektiven Subjekt zu und kann überdies nicht voraussetzungsgemäß funktionieren. Selbst die modernen Computer können, wie schon der Ökonom des Prager Frühlings, Ota Šik, feststellte, an dieser Sachlage nichts ändern. Die freien Bewegungen am Markt übertreffen die technisch und inzwischen auch elektronisch konstruierten Apparate und bleiben allen mechanisch ermittelten Daten überlegen. Im ökonomischen wie im politischen Bereich führt der Versuch, menschliche Allwissenheit zu fingieren, zu Zuständen, die George Orwells Phantasien schon vor „1984" an Schrecklichkeit überholt haben.

Da wir nicht alles wissen können und dürfen, sondern nur einen begrenzten Anteil an der göttlichen Allwissenheit haben, sollten wir uns in allen Bereichen und für alle Zukunft der verführerischen Möglichkeit entschlagen, eine solche Allwissenheit anzustreben. Es ist keine bedauernswerte Einschränkung der menschlichen Möglichkeiten, nicht allwissend sein zu können, sondern eine heilsame Begrenzung des menschlichen Erkenntnis- und Gestaltungsstrebens in Politik und Wirtschaft. Der Versuch der „politischen Religionen", vor denen Eric Voegelin bereits 1938 warnte, ist zum Glück auf lange Sicht zum Scheitern verurteilt, fordert aber bis zu diesem Punkt des Scheiterns ungeheure Menschenopfer und Substanzverluste.

7. Ist der Mensch nicht doch die „Krone der Schöpfung"?

Dem Evolutionismus scheint mit dem Nachweis, dass der Mensch seiner biologisch-chemischen Natur nach aus dem Tierreich stammt und im Besonderen ein Nachfahre einer höheren Affenart ist, ein endgültiger Triumph über den Schöpfungsglauben gelungen zu sein. Auch hier möchte man – wie bei der Evolution überhaupt – auf den ersten Blick meinen, das Rätsel des Menschen, seiner Entstehung und Bestimmung sei gelöst. Aber eben immer nur auf den ersten Blick. Wie fragwürdig dieser vermeintliche Triumph der Evolutionisten bei genauerer Betrachtung ist, wurde bereits im Rahmen der Einleitung dieses Buches mit Rückgriff auf den Grazer Philosophen Peter Strasser gezeigt.

Besteht zwischen der Aussage, dass der Mensch aus dem Tierreich stammt, und der der Genesis „Lasset uns den Menschen machen nach unserem Gleichnis und Ebenbilde" bzw. der These Herbert Pietschmanns „Gott wollte Menschen" ein unlösbarer Widerspruch? Und ist der Mensch, bzw. seine Sonderstellung im Kosmos, die seelische und geistige Natur des Menschen, die mit der leiblichen zu einer untrennbaren Trias verbunden sind, ausreichend aus seinen materiellen Bedingungen erklärt? Sind wir in der Wahrheit, die uns die Wissenschaft vermittelt, verpflichtet, den traditionellen anthropologischen Überzeugungen abzuschwören und uns mit der Rolle zu bescheiden, die uns der Evolutionismus zudenkt und übriglässt? Sind wir gezwungen, den Menschen wie Franz M. Wuketits als „Naturkatastrophe" anzusehen oder ihn als höchstentwickelte Form der Materie zu feiern, wie es der dialektische Materialismus tat? Zum Glück sind wir dazu nicht gezwungen, weil uns Gott als Inbegriff dessen, was Wissen und Wahrheit ausmacht, davor bewahrt.

Friedrich Engels hat in einer kleinen Schrift „Der Anteil der Arbeit an der Menschwerdung des Affen" zu rekonstruieren versucht, wie es zur Entstehung und Ausbildung des Menschen kam. Im Wesentlichen war es danach der Gebrauch der Werkzeuge, der den Menschen aus dem Tierreich in eine neue und höhere Welt hineingeführt hat. Der Materialismus muss seiner Maxime, dass sich alle Qualitätsunterschiede auf Quantitätsunterschiede zurückführen lassen, treu bleiben und kann daher nur einen fließenden Übergang annehmen. Dieser Darstellung widersprach der jesuitische Gelehrte Gustav Wetter, der ein Standardwerk über den dialektischen Materialismus geschrieben hat, das sogar von den Kommunisten als eine Fibel – natürlich bei Unterschlagung der von Wetter im Anschluss an die Darstellung folgende Kritik – verwendet wurde, weil diese Geistesrichtung selbst keine umfassende Selbstdarstellung auf solchem Niveau wie das Werk Wetters hervorgebracht hat. Wetter wendete gegen die Engelssche Darstellung ein, dass es sich hier um den klassischen Fall einer petitio principii handle, also der Vorwegnahme des zu Beweisenden, bzw. um ein hysteron proteron, also eine Rückprojektion vom Ergebnis her in die Vergangenheit. Denn der tierische Vorfahr müsste bereits Mensch gewesen sein, um die Werkzeuge menschlich zu verwenden. Engels, und mit ihm der Materialismus, aber muss annehmen, dass der tierische Vorfahre gleichsam in das Menschsein hineingeschlittert sei. Mit Wetter dürfen wir jedenfalls fragen, ob dieser Rekonstruktionsvorgang tatsächlich alles erklärt, was den Menschen vom Tier unterscheidet, und ob hier nicht aus dem post hoc, dem Nacheinander, kurzerhand auf das propter hoc, das Aus-einander, geschlossen wird. Das Nacheinander erklärt nur den tatsächlichen Ablauf, lässt aber die Frage offen, ob nicht auch eine andere Kraft am Zustandekommen des Ergebnisses beteiligt war, beziehungsweise ob es nicht inmitten der Evolution einen neuerlichen Schöpfungsakt Gottes gegeben hat.

Für die Herleitung des Menschseins aus einer zusätzlichen Quelle spricht schon allein der Umstand, dass die materielle Seite der Wirklichkeit den nach wie vor bestehenden und unüberbrückbaren Qualitätsunterschied zwischen Mensch und Tier nicht erklärt. Gerade der Umstand, dass die DNA-Analyse einen weit über neunzig Prozent identischen DNA-Anteil zwischen Tier und Mensch zeigt, die Unterschiede zwischen diesen beiden sich aber nicht nur im quantitativen, sondern vor allem im qualitativen Bereich befinden, spricht dagegen, dass die Erklärung im Materiellen allein liegt. Bei der übergroßen Übereinstimmung der materiellen Substanz wären tierische Leistungen zu erwarten, die an die des Menschen wenigstens annähernd heranreichen. Es müsste höhere Tiere mit künstlerischen Fähigkeiten und einer mit dem Menschen vergleichbaren Kreativität geben. Die Tatsache, dass es eine solche auch nur ansatzweise nicht gibt, lässt die Sonderstellung des Menschen in einem anderen als dem materialistischen Sinn erscheinen. Außerdem erhebt sich, wenn auch nur naiverweise, die Frage, warum sich der von Engels und seinen Nachfahren beschriebene Vorgang nicht wiederholt oder schon wiederholt hat. Etwa, weil die Affenart, wie man zu hören bekommt, aus der der Mensch hervorgegangen ist, ausgestorben sei und andere Arten sich eben nicht mehr zum Akt der Menschwerdung aufschwingen können oder wollen?

Demgegenüber geht der christliche Schöpfungsglaube, ja auch der rein philosophische, davon aus, dass nicht alle Qualitätsunterschiede bloße Summierungen von Quantitätsunterschieden sind, am allerwenigsten jener zwischen Mensch und Tier. Dieser Schöpfungsglaube trifft die Annahme, die freilich auch nicht beweisbar, aber jedenfalls nicht unvernünftig ist, dass eine übergeordnete Kraft, die über den gesamten Seinsbestand verfügt, wenn auch im Wege der Evolution, die Zuteilung von Seinsqualitäten vornimmt und der Unterschied zwischen Mensch und Tier ein unwiderruflicher ist. Die Erschaffung des Menschen ist jener in die Evolution eingebettete, aber sie gleichzeitig transzendierende Punkt und Vorgang, der sich nicht exakt bestimmen lässt, von dem sich aber jedenfalls die Beseelung des Menschen herleitet, dem dann die Beseelung jedes einzelnen Menschen im

Mutterleib, deren Zeitpunkt auch nicht exakt bestimmbar ist, der aber jedenfalls stattfindet, folgt. Bestünde der Gegensatz zwischen Mensch und Tier nur im rein Materiellen, so wäre auch kaum etwas gegen mögliche oder möglich werdende Kreuzungen und geschlechtliche Aktivitäten zwischen Mensch und Tier einzuwenden, um nur eine monströse Konsequenz, die eine Relativierung des Unterschiedes zwischen Mensch und Tier hervorbrächte, zu erwähnen.

Es ist in diesem Zusammenhang auf den Satz Hegels zurückzugreifen, dass der Mensch zwar ein Tier ist, aber schon durch dieses Wissen, das das Tier nicht besitzt, die tierische Natur transzendiert. Außerdem ist der Erkenntniswert der Ethologie, die sich dem Vergleich zwischen Mensch und Tier widmet, weitaus weniger ergiebig, als die von Konrad Lorenz ausgegangene Forschung annimmt. Schon Max Adler hat darauf hingewiesen, dass wir durch den Vergleich mit der Tierwelt nicht so viele Aufschlüsse erhalten wie angenommen. Denn alles, was wir über das tierische Bewusstsein und Verhalten wissen, muss durch unser Bewusstsein hindurch und ist uns also nur mittelbar zugänglich.

Selbst Karl Marx musste wie schon erwähnt zugeben, dass der materialistische Ansatz der Selbsterzeugung des Menschen, die eine Alternative zum Schöpfungsglauben darstellt, nicht plausibel ist. Tatsächlich hat sich dieser Ansatz in keiner Kultur, ja nicht einmal im „realen Sozialismus" und seinem Diamat, im Bewusstsein der Menschen durchgesetzt. Es muss ein Wesen geben, das, wenn man nicht bei einem infiniten Regress landen will, sich nicht einem Anderen, sondern sich selbst verdankt, aber dieses Wesen ist sicher nicht der Mensch, sondern kann nur Gott als die Fülle des Seins sein. Darum ist auch die immer wieder gestellte Frage, woher Gott stamme, verbunden mit der Behauptung, dass man mit der Einführung des Gottesbegriffes die Probleme nur verschiebe, aber nicht löse, dass sich die Frage des Woher nur in Bezug auf eine in Raum und Zeit beengte Wirklichkeit stellt, da nur in dieser jene Kategorie der Kausalität waltet, die für das Ewige und den Ewigen eben nicht gilt. Deshalb ist auch der Mensch nicht wie für Marx das höchste Wesen für den Menschen. Die menschliche Wesenheit verweist auf eine transzendente. Sie stellt jene Mensch-Gott-Beziehung her, von der Martin Buber und Ferdinand Ebner sprechen, eine Beziehung, die die Ich-Du-Beziehung zwischen Menschen und erst recht die Ich-Es-Beziehung gegenüber der Natur überbietet.

Martin Heidegger, der die Gottesfrage in seinem Hauptwerk „Sein und Zeit" ausgeklammert hat, stellt anderwärts zum Unterschied zwischen Tier und Mensch fest, „dass diese nächste Nähe beider Wesensverfassungen nur täuschend ist, dass zwischen ihnen ein Abgrund liegt, der durch keine Vermittlung in irgendeinem Sinne überbrückt werden kann". Heidegger bringt die „kaum auszudenkende abgründige leibliche Verwandtschaft mit dem Tier" mit der „Wesensferne des Göttlichen" in Zusammenhang und kommt zum Schluss, dass uns das Göttliche trotz seiner Ferne „vertrauter" sei als das Tierische.

Gegen diese Verbindung zwischen Gott und Mensch macht der Evolutionismus die bereits erwähnte Projektionsthese Ludwig Feuerbachs geltend, wonach Gott nicht der Schöpfer der Welt, sondern der Mensch Schöpfer Gottes sei, den er nach seinem Bilde geformt habe. Hier wird derselbe Fehler begangen, der auch in allen ähnlichen Fragen begangen wird: Aus der Tatsache, dass die Evolution von unten nach oben verläuft, wird der zu weitgehende Fehlerschluss gezogen, dass auch die kosmische Gesamtentwicklung im gleichen Sinne verläuft, das Vollkommene also nicht am Anfang, bzw. vor und über dem Anfang stehen kann.

Der Projektionsthese als Erklärung für das bloß gedachte Dasein Gottes ist entgegenzuhalten, dass der Mensch zwar auch aus seiner Erlebnissphäre projiziert, der Auslöser dieser Projektion aber Gott selbst ist. Von lauter endlichen Dingen umgeben, käme der Mensch gar nicht auf dieses Unendliche, wenn es nicht vorgegeben wäre. Der Mensch erfindet Gott nicht, sondern entdeckt ihn bloß, weil Gott sein Bild dem Menschen eingeprägt hat, das bis ins Unbewusste reicht. Wie schon angedeutet, hat Viktor Frankl immer wieder vom „unbewussten Gott" gesprochen, der also auch in die Tiefendimension unseres Daseins reicht. Ich erinnere mich an einen Ausspruch des bekannten Psychiaters Erwin Stransky, der einmal sagte, dass er im Laufe seines Lebens sehr wenig echte Atheisten getroffen habe, aber viele Menschen, die auf den lieben Gott aus irgendeinem Grunde bös sind.

Der ontologische Gottesbeweis, den die meisten Theologen fallen gelassen haben, enthält aber einen richtigen Kern: dass der Begriff Gottes insofern seine Existenz beweist, als das, worüber hinaus nichts gedacht werden kann, auch existieren muss, weil sonst der Begriff ein Widerspruch in sich wäre. Ein Ordensbruder des hl. Amseln von Canterbury, Gaunilo, hat gegen diesen spekulativen Beweis eingewendet, dass das bloß Gedachte seine Existenz ebenso wenig beweise wie die Idee einer vollkommenen Insel deren Existenz. Dagegen lässt sich wieder einwenden, dass es zwar keine vollkommene Insel geben müsse, wohl aber ein vollkommenes Sein, das sich vom unvollkommenen abhebt.

Allerdings erweckt das Göttliche nicht nur Entzücken, sondern auch jene Abwehr der eigenen Geschöpflichkeit, die Nietzsche so formuliert hat: „Wenn es Götter gäbe, wie hielte ich s aus, kein Gott zu sein!" Der Schweizer reformierte Theologe Emil Brunner hat das Verhältnis Gott und Mensch unter dem Motto „Gott und sein Rebell" zum Mittelpunkt seiner theologischen Anthropologie gemacht. Der Mensch schwankt in seinem Verhältnis zu Gott zwischen dem Goetheschen Entzücken und der Rebellion. Der scheinbar einfachste Weg, Gott auszublenden, ist nun einmal der, ihn zu leugnen und zu einem bloßen Gedankenkonstrukt zu erniedrigen, wie es beispielsweise Feuerbach mit seiner Projektionsthese versucht hat. Diese Projektionsthese ist aber, wenn man das Verhältnis zwischen Gott und Mensch schon in psychologische Kategorien fassen will, ein typischer Abwehrmechanismus des Geschöpfs gegen seine Geschöpflichkeit, das Aufbegehren gegen den seine Souveränität und deren Anerkennung einfordernden Gott.

Zum Abschluss dieser Überlegungen sei wieder einmal Goethe zitiert, der meinte: „Ich glaube einen Gott! Dies ist ein schönes löbliches Wort; aber Gott anerkennen, wie und wo er sich offenbare, das ist eigentlich die Seligkeit auf Erden."

8. Das Problem der Theodizee

Eine Frage, die es vielen nicht möglich erscheinen lässt, an Gott zu glauben, ist das Leid der Menschen und die Summe der in der Welt vorhandenen Übel. Wenn von Theodor Adorno gesagt und von anderen wiederholt wurde, dass man nach Auschwitz keine Gedichte mehr schreiben kann, weil Auschwitz alle Poesie in dieser Welt vernichtet hat, so wird auch immer wieder gesagt, dass man nach Auschwitz nicht mehr an Gott glauben kann, der das Ungeheuerliche, das dort geschehen ist, nicht verhindert und zugelassen hat. Dabei hat das Problem der Theodizee durch Auschwitz und den Archipel Gulag im 20. Jahrhundert nur eine ungeahnte Aktualisierung und Zuspitzung erfahren, hat aber im Grunde immer schon bestanden. Man denke beispielsweise nur an die alte augustinische Frage: „Si Deus, unde malum?" (deutsch: „Wenn es einen Gott gibt, woher kommt dann das Böse?"). Das Problem der Theodizee lässt sich begrifflich in aller Kürze folgendermaßen zusammenfassen: Gott lässt das Leid in der Welt, die Naturkatastrophen und das menschliche Tun gegen seine Absichten und Normen zu, obwohl er es verhindern könnte. Die Zulassung dieser Dinge bedeutet nicht, dass sie Gott wohlgefällig sind, aber trotzdem von Gott nicht verhindert oder nicht ungeschehen belassen und gemacht werden.

Die Frage der Vereinbarkeit der Übel dieser Welt mit der Gott zugeschriebenen Güte hat die Philosophen und Theologen seit Jahrhunderten beschäftigt und eine Fülle von Literatur produziert. So hat der Philosophiehistoriker Friedrich Billicsich dem Problem des „Übels in der Philosophie des Abendlandes" ein dreibändiges Werk mit hunderten Seiten gewidmet, ohne dass man nach Lektüre dieses Kompendiums erleichtert feststellen darf, dass man der Frage auf den Grund gekommen und die Summe aller historischen Antworten die Antwort schlechthin repräsentiere. Kaum jemand ist nach allem, was im 20. Jahrhundert geschehen ist, heute noch in der Lage, die Behauptung von Gottfried Wilhelm Leibniz, die bestehende Welt sei die „beste aller möglichen", gelten zu lassen. Nicht nur der pessimistische Philosoph Arthur Schopenhauer (1788–1860) hat sich über diese Aussage Leibniz' empört und in dieser Empörung den Satz geschrieben: „Wenn es wahr ist, dass ein Gott diese Welt geschaffen hat, ich möchte dieser Gott nicht sein, ihr Jammer würde mir das Herz zerreißen."

Zur Frage der Theodizee gebe ich einer weiteren Stimme das Wort, der Stimme eines Mannes, der weder Philosoph noch Theologe war, was schon deshalb wichtig ist, weil Theologen von vorneherein im Verdacht stehen, Pflichtverteidiger Gottes zu sein. Ich gebe im Folgenden dem im Vorjahr verstorbenen österreichischen Satiriker und Kabarettisten Georg Kreisler das Wort, der noch vor seinem Tod eine Autobiographie mit dem Titel „Letzte Lieder" vorgelegt hat. Zur Person Kreislers ist im vorliegenden Zusammenhang darauf hinzuweisen, dass er ein Überlebender des Holocaust war.

Kreisler führte in seinem Abschiedsbuch zur Existenz Gottes zunächst das folgende aus: „Zu leugnen, dass es einen Gott gibt, ist vor allem unglaublich arrogant, denn es bedeutet, dass alles, was über unseren Horizont geht, nicht existiert. Wenn wir versuchen, einem Hund die Schönheit einer Landschaft zu erklären, so geht das über seinen Horizont, also warum soll nicht auch etwas über den Horizont des Menschen gehen? Diese bodenlose Überheblichkeit, dass ein Gott, den man nicht sieht, hört oder nicht versteht, auch nicht vorhanden ist, verblüfft und ärgert mich immer wieder."

Kreisler ist sich mit dieser Aussage mit der philosophischen und theologischen Tradition einig, dass Gott aus der Natur und der Welt prinzipiell erkennbar ist. Er kommt dann auch auf den immer wieder erhobenen Vorwurf an Gott, der sich nicht selten zur Anklage gegen ihn steigert, zu sprechen, und meint dazu: „Das Argument der Atheisten, dass ein angeblich gütiger Gott die vielen Ungerechtigkeiten und Grausamkeiten, mit denen wir täglich konfrontiert werden, nie zulassen würde, trifft ebenfalls ins Leere. Denn auch hier wird nichts anderes behauptet, als dass wir alles verstehen müssen, dass alles nach menschlichem Ermessen erklärt werden kann. Wir verstehen Auschwitz nicht, daher kann es keinen Gott geben, der es versteht, sagen die Atheisten. Wir glauben lieber, dass die Natur auf unserem und wahrscheinlich auch anderen Planeten rein zufällig funktioniert und sich laufend regeneriert. Darwin erklärt alles. Dabei ist der Darwinismus auch nur eine Theorie und nicht beweisbar. Täglich sehen wir unglaublich komplizierte Naturvorgänge, aber, weil wir, die Menschen, keine Erklärung für sie haben, darf auch kein anderer eine Erklärung haben. Lieber glauben wir, dass wir eines Tages alles verstehen werden, und wenn nicht, war es ein Zufall. Uneinsichtiger und überheblicher geht es wirklich nicht."

Kreisler trifft eine Aussage, die den Evolutionismus im Kern erschüttert, dass dieser den Zufall und die ihn begleitende und ergänzende Selektion an die Stelle Gottes setzt, damit aber nicht mehr, sondern weniger erklärt als der von der Letztursächlichkeit Gottes ausgehende philosophische und theologische Glaube. Kreisler greift, wenn er trotz aller Erfahrungen, die gerade das 20. Jahrhundert dem jüdischen Volk bereitete, auf einen alttestamentarischen Gedanken zurück, der sich auch in der christlichen Tradition fortsetzt und wiederfindet. Der Gedanke, den Kreisler fortspinnt, findet sich beim Propheten Jesaja, und zwar im Kapitel 55, 1-2: „Denn meine Gedanken sind nicht eure Gedanken, und eure Wege sind nicht meine Wege, sondern so viel der Himmel höher ist als die Erde, sind auch meine Wege höher als eure Wege und meine Gedanken denn eure Gedanken." Wenn ein Überlebender des Holocaust, dem man eine andere Konsequenz nicht verdenken könnte, diese Haltung einnimmt, sollten wir uns als Christen oder bloß philosophisch Gläubige von ihm und anderen, die an Gott trotz Auschwitz nicht irre wurden und werden, nicht beschämen lassen. Wir werden aber als Zeitgenossen nicht nur von den gläubigen Juden beschämt, sondern auch von der überwältigenden Überzahl der Moslems.

Auf meinen Reisen durch arabische Länder bin ich nie wie hierzulande auf Gesprächspartner, ob bei Intellektuellen oder beim gewöhnlichen Volk, gestoßen, die sich als Atheist und Agnostiker deklariert hätten. Atheismus und Agnostizismus werden von der breiten Masse derer, die zu Allah beten, als westliche Dekadenz oder als individuelle seelische und geistige Störung angesehen, „der da oben" und sein Wille, der alles lenkt, bleibt stets außer Frage und selbstverständliche Voraussetzung.

Der tschechische Theologe und Prälat Tomáš Hálik hat in einem Buch mit dem Titel „Geduld mit Gott" allen geraten, diese Haltung und Tugend zu pflegen, weil wir auch umgekehrt davon leben, dass Gott Geduld mit uns hat. Indem wir uns dieser Haltung befleißigen, geben wir uns der göttlichen Tugend der Hoffnung hin, die uns weiter trägt und führt, als selbst der Glaube als göttliche Tugend vermag. Inzwischen dürfen wir uns jedenfalls der Hoffnung hingeben, dereinst mehr darüber zu erfahren und zu verstehen, warum das, was uns so schrecklich und unbegreiflich erscheint, doch geschehen musste. Freilich muss man auch für jene Verständnis haben, die es vorziehen, Gott sein Geheimnis behalten zu lassen, und sich nicht der Hoffnung auf die endgültige Klärung und Aufklärung hingeben, je über diesen Erkenntnisstand hinauszugelangen.

Auch noch so tiefgründige und geistreiche Ausführungen zur Theodizee landen zuletzt bei dieser Haltungsfrage, die man nicht weiter begründen, sondern letzten Endes nur einnehmen kann.

Freilich gibt es zwei Erkenntnisquellen, aus denen man die Kraft der Hoffnung der Überwindung aller Übel schöpfen kann, wenn man will, der Glaube bleibt in jedem Falle ein Sprung, den nur der Wille tun oder auch lassen kann. Merkwürdigerweise ist eine solche Erkenntnisquelle, neben der Kunst, die Geschichte der Menschheit, durch deren Betrachtung viele an der Güte Gottes irre werden.

Denn die Betrachtung der Geschichte hat nicht nur Verstörendes, sondern auch Tröstliches anzubieten. So kann man gerade im 20. Jahrhundert, in dem Ideologien antraten, um Gott durch kollektive Wahngebilde zu ersetzen, die Grenzen dieses vermessenen Strebens entdecken. Am 20. Jahrhundert und in ihm bestätigte sich der Satz Martin Luthers: „Der Mensch hat immer Gott oder Abgott." Der in Deutschland geborene, aber an der Universität Wien bis 1938 groß gewordene Eric Voegelin, der später zum Weltphilosophen der Alten und Neuen Welt avancierte, hat bereits 1938 in einer bahnbrechenden Schrift über „Die politischen Religionen" geschrieben, die sich anmaßten, das Göttliche durch das allzu Menschliche zu ersetzen – der Nationalsozialismus durch den Rasse-, der Kommunismus durch den Klassegedanken. Und damals waren die beiden Länder, in denen diese abwegigen Ideen triumphierten, noch am Höhepunkt ihrer Macht und es war durchaus wahrscheinlich, dass eine dieser beiden totalitären Bestrebungen die Oberhand gewinnen würde. Ja selbst die schlimmste Perspektive der Aufteilung der Welt durch und unter die beiden kollektiven Geisteskrankheiten war als reale Möglichkeit nicht von der Hand zu weisen (man denke an den Hitler-Stalin-Pakt).

Am Ende des 20. Jahrhunderts aber waren beide Wahngebilde besiegte und abgetane Möglichkeit, die Hybris hat sich, freilich unter unzähligen Opfern und Qualen, nicht durchgesetzt, sondern ist ad absurdum geführt worden. So betrachtet, kann man aus der Geschichte, aus der die Gegner des Glaubens ihre Waffen beziehen, auch eine Bestätigung des philosophischen und theologischen Glaubens ableiten und herauslesen. Wenn Hitler und Stalin ihre politische Macht und Ideologie zum höchsten Wert erklärten und damit Frevel gegenüber Gott begingen, sind sie nicht zuletzt an diesem Frevel gescheitert.

Es lässt sich als innere Logik des Absurden, aber auch und besser als Durchbruch des Göttlichen deuten, dass gerade Hitler mit seiner Politik das Gegenteil dessen bewirkte, das er angestrebt hatte. War die „Endlösung" als euphemistische Umschreibung des Ausrottungsfeldzuges gegen die Juden das erklärte Ziel, so zeigte die Entwicklung nach 1945, dass die Juden ihr höchstes Ziel, die Errichtung eines eigenen Judenstaates, erreichten, dessen Idee in Wien geboren wurde und für immer mit dem Namen Theodor Herzl verbunden ist. Hitler sagte Hermann Rauschning zufolge in einem seiner „Tischgespräche": „Es kann nicht zwei auserwählte Völker geben." Die Staatswerdung Israels lässt sich natürlich auch als bloße Reaktion auf das in Auschwitz Verkörperte verstehen, aber erst im Zusammenhang mit der biblischen Geschichte gewinnt das Geschehen seinen tieferen Sinn.

Das zweite Ziel Hitlers war die Vernichtung des Bolschewismus. Auch dieses Ziel hat er nicht erreicht, im Gegenteil: Er hat durch seine Politik die Sowjets nach Europa gebracht. Freilich war auch dieser Vorsprung und Vorteil, den der Kommunismus errang, ein nur vorübergehender, denn auch der Kommunismus war als gottferne Ideologie dazu verurteilt, an seinen inneren Widersprüchen zugrunde zu gehen und Hitler nur um einige Jahrzehnte zu überleben.

Das dritte Ziel Hitlers war die Eroberung neuen Lebensraumes und die Versklavung als minderwertig betrachteter Völker. Das Ergebnis dieser Politik war die millionenfache Vertreibung der Deutschen aus eroberten und auch schon vorher innegehabten Gebieten.

Diese Beispiele lehren, dass sich vermessene Ziele kraft einer inneren Logik bzw. Aberwitzigkeit ad absurdum führen und in ihr Gegenteil verkehren, man kann sie aber auch als Bestätigung für das ansehen, was mein geistlicher Mentor, Prälat Leopold Ungar, immer wieder sagte, dass Gott „ein Gott der Umwege" ist.

Der große deutsche Historiker Leopold von Ranke hat den berühmten Satz geprägt, dass jede Epoche „unmittelbar zu Gott" steht, und damit dargetan, dass alle menschlichen Einteilungen und auch die Menschen, die diese Einteilungen geschaffen haben, selbst einen theologischen Bezug aufweisen. Daher klammern all jene, die Natur und Geschichte nur als die Evolution eines bloß Natürlichen zu begreifen versuchen, den wesentlichen Faktor, der die Evolution der Welt und der Menschheit überhöht, aus, und verschließen sich einer die irdische Perspektive überbietenden Schau und Sicht der Geschichte, jener Geschichte, von der kein Geringerer als Johann Wolfgang von Goethe im „Westöstlichen Divan" gesagt hat, dass das „eigentliche, einzige und tiefste Thema der Welt- und Menschengeschichte … der Konflikt des Unglaubens und Glaubens" ist. Der Unglaube prahlt nach Goethe mit einem „Scheinglanz", der Glaube dagegen ist, „glänzend, herzerhebend und fruchtbar für Mitwelt und Nachwelt." So mag das Mittelalter zwar in vieler Hinsicht finster gewesen sein, aber es war doch, da vom Glauben erfüllt, wie der österreichische Historiker Heinrich Fichtenau sagte, doch auch eine „Sternennacht", in der vor allem der Stern von Bethlehem strahlte.

9. Die Kunst als Erkenntnisquelle Gottes

Neben der Geschichte ist, wenn man sich den Ausführungen Georg Kreislers anschließt, die Kunst eine Erkenntnisquelle Gottes. Kreisler, selbst ein Künstler hohen Ranges und Tiefsinns, tut dar, dass man die Kunst nicht evolutionistisch, aber auch nicht pantheistisch und atheistisch erklären kann, da sie für jeden, der nicht von allen guten Geistern verlassen ist, auf eine höhere, alles Menschliche überragende Wirklichkeit hinweist. Die Kunst in ihrer Unerschöpflichkeit und Allgegenwärtigkeit ist eine Spur, die auf ein ständig in das irdische Geschehen eingreifendes und sie nicht sich selbst überlassendes Sein, eine persönliche Schöpferkraft, die sich im Menschen fortsetzt und abbildet, deutet. In diesem Sinne sagte Kreisler: „Nun gibt es auch Spinozas Gott, der alles geschaffen hat und dann weggegangen ist. Aber dem widerspricht unter anderem die Kunst, denn für den Künstler ist der Glaube an den präsenten Gott eine Selbstverständlichkeit." Selbst der frivole André Gide sagte einmal: „Die Kunst ist eine Zusammenarbeit zwischen Gott und dem Künstler und je weniger der Künstler dazu beiträgt, desto besser. Kein Künstler kann erklären, wieso er Gedanken hat, die andere nicht haben. Für jeden Künstler ist der Schaffensprozess etwas Mysteriöses." Und als persönliches Bekenntnis fügte Kreisler in uns wieder beschämenden Weise hinzu: „Demütig glaube ich also, dass es ein (oder mehrere) Wesen gibt, das man der Einfachheit halber ‚Gott' nennen kann, aber dass Gott immer an meiner Seite steht und mein Leben auf die gütigste Weise beeinflusst. Natürlich hat mein Leben auch negative Seiten gehabt, aber dass Gott immer an meiner Seite steht, auch während ich dies schreibe, ist für mich so deutlich wie das Blatt Papier vor mir."

Indem ich selbst, der Autor Norbert Leser, der in diesem Falle sowohl eine wissenschaftliche als auch künstlerische Mittlerfunktion zwischen Gott und Mensch erfüllt und in Anspruch nimmt, oder besser gesagt, erfüllen darf, Kreislers Aussage wiedergebe und niederschreibe, ja mich mit ihr identifiziere, füge ich dem Zeugnis Kreislers mein eigenes hinzu.

Selbst der Atheist Arthur Schopenhauer konnte nicht umhin, die Kunst zwar nicht in Gott selbst, wohl aber in der Überwelt der platonischen Idee anzusiedeln. Diese platonische Idee, die über Raum und Zeit steht, ist nach Schopenhauer das Objekt – oder besser gesagt Subjekt – und die Vorgabe der Kunst. Schopenhauer war es auch, der Plato über den „erstaunlichen Kant" stellte und ihn als den „göttlichen Philosophen" apostrophierte. Mit dieser Charakterisierung zeigte sich auch Schopenhauer als von einer göttlichen Macht ergriffen. Nach Schopenhauer ist es unter den trinitarisch gegliederten Künsten Literatur, bildende Kunst und Musik vor allem letztere, die, als über alle Sprachgrenzen hinweg, die Macht des Überweltlichen demonstriert und die Menschen in einer Weise ergreift, die die Kunst auch als eine Form des Gebetes und des Mitbetens deuten lässt.

So sind es bis auf den heutigen Tag vor allem die Musiker und die musikalischen Interpreten, die für den göttlichen Ursprung der Kunst beredtes Zeugnis ablegen. So sagte der Dirigent Nikolaus Harnoncourt, der Bruder, aber auch der Seelenverwandte des bekannten Theologen Philipp Harnoncourt zum Abschluss des Neujahrskonzerts 2001 vor Millionen Zuschauern in aller Welt gleichsam programmatisch: „Die Kunst ist das größte Geschenk Gottes an die Menschen." Und auch in der letzten Zeit hat der Dirigent des Öfteren von der Musik und im Besonderen von den Mozartschen Symphonien als „Gottesbeweisen" gesprochen. Auch der vielleicht größte christliche Theologe des 20. Jahrhunderts, Karl Barth, hat eine kleine Schrift, die einen Brief an Mozart im Jenseits beinhaltet, geschrieben, in der er gesteht, nicht seine großen theologischen Vorbilder, wie Luther und Calvin, im Jenseits zuerst aufzusuchen, sondern ihn, der die Gnade Gottes in einzigartiger Weise erfahren hat und repräsentiert.

Auch nach Hegel und anderen Philosophen ist die Kunst direkt bei und in Gott angesiedelt und daher auch dem Denken und der Wissenschaft, und damit selbst der Theologie, übergeordnet. Das Denken vermag nämlich nur in Begriffe und Worte zu fassen, um das Absolute zu vermitteln, die Kunst aber hat demgegenüber den Vorrang der Unmittelbarkeit. Der deutsche Philosoph und Pädagoge Eduard Spranger (1882–1963) hat in seinem Werk „Lebensformen" die Menschen nach ihren Werthaltungen eingeteilt, damit aber auch den Zugang zur absoluten Welt der Werte eröffnet und klassifiziert. Spranger unterscheidet sechs Menschentypen: 1. Der theoretische Mensch. 2. Der ökonomische Mensch. 3. Der künstlerische Mensch, der den ästhetischen Wert in den Mittelpunkt stellt. 4. Der soziale Mensch. 5. Der Machtmensch 6. Der religiöse Mensch. Anhand dieser Einteilung wird klar, dass der religiöse und der ästhetische Mensch gegenüber dem theoretischen den Vorzug der unmittelbaren Konfrontation mit dem Absoluten haben und es unmittelbar abbilden. Freilich hat der soziale Mensch diesen beiden Typen gegenüber den Vorzug, das Prinzip der Liebe im mitmenschlichen Bereich zu verwirklichen und damit Gott, der ja auch die Liebe und die Liebe zur Welt ist, näherzustehen. Der ökonomische und der Machtmensch stellen im Vergleich dazu untergeordnete irdische Werte in den Mittelpunkt und laufen dabei auch noch dazu Gefahr, von diesen untergeordneten Werten beherrscht zu werden und diese über die wahren absoluten zu stellen.

Wenn Wolfgang Amadeus Mozart immer wieder als Inbegriff des musikalischen Genies, ja des Genies überhaupt, angesehen wird, ist es thematisch aufschlussreich, wie dieser Genius selbst sein eigenes Schaffen und dessen Verbindung zum Absoluten beurteilt hat. Mozart führte in einem Brief vom 22. September 1778 aus, dass er sich „des superieuren Talents, welches ich mir selbst, ohne gottlos zu sein, nicht absprechen kann, durchaus bewusst" sei. Doch schon in einem Brief an den Vater vom 3. Juli 1778 hatte er die notwendige Ergänzung zu der Feststellung, über ein außergewöhnliches Talent zu verfügen, getroffen, wenn er sich ausdrücklich verpflichtet fühlt, „Gott allein" die Ehre zu geben und die Künstler, also auch sich selbst, nur als „Instrumente, deren er sich meistens bedient", anzusprechen.

Ludwig van Beethoven, der „Mozarts Geist aus Haydns Händen" empfing, ohne sein Vorbild je persönlich kennengelernt haben zu können, traf ähnliche Aussagen wie Mozart. So gibt Bettina von Armin, in dem „Briefwechsel eines Kindes mit Goethe" am 2. Mai 1809, wieder, was sie aus dem Munde Beethovens, zu dessen Füßen sie in Wien saß, vernommen hatte: „So vertritt die Kunst allemal die Gottheit und das menschliche Verhältnis zu ihr ist Religion. Was wir durch die Kunst erwerben, das ist von Gott, göttliche Eingebung, die den menschlichen Beziehungen ein Ziel reicht, das es erreicht […] Musik ist der elektrische Boden, in dem der Geist lebt, denkt, erfindet. Philosophie ist der Niederschlag ihres elektrischen Geistes, die Bedürftigkeit, die alles auf ein Urprinzip gründen will, wird durch sie erhoben. Obschon der Geist dessen nicht mächtig ist, was er durch sich erzeugt, ist er doch glückselig in dieser Erregung. So ist die echte Erzeugung der Kunst mächtiger als der Künstler selbst, hängt nur darin mit dem Menschen zusammen, dass sie Zeugnis gibt von der Vermittlung des Göttlichen in ihm."

Diese Hinordnung des Künstlers auf eine lebendige und personale Transzendenz hat auch der dritte der Musikklassiker seiner Zeit, Joseph Haydn, zum Ausdruck gebracht, allerdings nicht bloß mit Worten und Werken, sondern auch mit einer mindestens so aussagekräftigen Geste. Auf einem zeitgenössischen Stich wurde festgehalten, dass der schon hochbetagte

Haydn mit einem prunkvollen Tragsessel in die heutige Wiener Akademie der Wissenschaften getragen wurde, wo sein Oratorium „Die Schöpfung" uraufgeführt wurde. Als ihm Bewunderung und Applaus entgegenschlugen, wehrte der Meister ab und zeigte mit erhobenem Zeigefinger gen Himmel, womit er wohl sagen wollte: All die Schönheit, die ihr an meinem Werk bewundert, ist einem Höheren und Höchsten zu verdanken.

Doch nicht nur die Komponisten, sondern auch die musikalischen Interpreten, geraten unweigerlich in den Bannkreis des Göttlichen und „Wes das Herz voll ist, des geht der Mund über". So brachte Bruno Walter, einer der Giganten unter den Dirigenten, die Musik Mozarts mit deren göttlichem Ursprung mit folgenden Worten in Verbindung: „Es sind diese Schönheit und Formvollendetheit, die einen Tiefblick in Mozarts Wesen gewähren. Wir dürfen daraus schließen, dass sein Herz von einer transzendentalen Harmonie erfüllt war, die auf sein Künstlertum entscheidenden Einfluss ausübte. Alles, was er schuf – seine dramatischen und vokalen Werke wie seine absolute Musik, letztere auch, wo sie dissonanten Gefühlen Ausdruck gibt –, bewahrte aus dieser jenseitigen Sphäre eine unirdische Konsonanz."

Und der Dirigent Joseph Krips brachte diesen Sachverhalt auf die kurze, aber eindrucksvolle Formel: „Beethoven erreicht in manchen seiner Werke ab und zu den Himmel, aber Mozart kommt von dort."

Zum Glück stirbt dieses Bewusstsein auch bei den heutigen jüngeren musikalischen Interpreten nicht aus. So sagte der Wiener Opernmusikdirektor Franz Welser-Möst im Rahmen eines über ihn gedrehten Filmes auch gestisch unterstützt, dass er sich bei seiner musikalischen Entwicklung „von oben" leiten und führen lasse.

Der Grundirrtum des Evolutionismus, der darin besteht, dass deshalb, weil sich die Natur vom Niederen zum Höheren bewegt, auch das Sein insgesamt diesem Schema folgen muss und es sich nicht anders verhalten kann, wird an keinem Phänomen so deutlich wie an dem der Kunst, die uns in all ihren Erscheinungsformen mit einer höheren, nicht aus der Evolution stammenden Wirklichkeit konfrontiert, der sich auch jene kaum entziehen können, die im Übrigen und philosophisch diese Wirklichkeit, die anderen Gesetzen gehorcht, gar nicht anerkennen. Zum Glück sind auch Materialisten und Atheisten in ihrer Praxis einsichtsvoller und empfänglicher als in ihrer Theorie. Denn wozu suchen solche Geisteskinder Konzerte der klassischen Musik und im Besonderen solche der sakralen Musik, wie die Matthäuspassion Bachs, wenn die Realität, die hier abgebildet ist, in ihrem verengten materialistischen Weltbild eigentlich gar keinen Platz hat? Man muss nicht ein Nikolaus Harnoncourt sein, um angesichts der Kunst deren bloße Herkunft aus der Evolution anzuzweifeln.

Wer aber auch angesichts der Kunst am materialistischen Weltbild festhält und den Ursprung der Kunst bloß durch die Evolution erklären will, dem können mit Goethe zwei Aussagen vorgehalten werden. Die eine lautet:

„Die Geisterwelt ist nicht verschlossen,
dein Sinn ist zu, dein Herz ist tot,
auf, bade, Schüler unverdrossen,
die ird'sche Brust im Morgenrot."

Die zweite Mahnung Goethes sollten die beherzigen, die sich auch von der Kunst nicht erweichen und zum Göttlichen hinführen lassen:

„Wenn ihr's nicht fühlt, ihr werdet's nicht erjagen,
Wenn es nicht aus der Seele dringt
Und mit urkräftigem Behagen
Die Herzen aller Hörer zwingt."

Der Gedanke des Evolutionismus, der alles aus der Natur ableiten zu können meint, scheitert nicht nur an der Realität eines Bewusstseins, das der Evolution der Natur vorausgeht und sie überragt, und auch nicht nur an der Wahrheitsfrage, die, wie Kołakowski eindrucksvoll zeigt, nur unter Zugrundelegung eines allwissenden Subjektes sinnvollerweise gestellt und beantwortet werden kann, sondern auch an der Schönheit, der der große Theologe Hans Urs von Balthasar eine fulminante theologische Ästhetik unter dem Titel „Herrlichkeit" gewidmet hat. Die Trias des Wahren, Guten und Schönen ist nur durch ein den Menschen überbietendes Sein und Wesen verbürgt.

Der langen Rede des Büchleins kurzer Sinn ist die Feststellung, dass nicht nur ästhetische und moralische, sondern auch rationale Erwägungen zu Gott führen, zu dem man allerdings nicht gelangt, indem man ihn erschließt, sondern indem man sich ihm erschließt.

10. Müssen wir Gott in uns überwinden, um zu uns selbst zu kommen? *

Diese Entscheidungsfrage drängt sich auf, wenn wir die Botschaft Horst Eberhard Richters aus seinem Buch „Der Gotteskomplex" auf uns wirken lassen und uns durch sie herausgefordert fühlen. Was uns der Autor im Verein mit anderen Vorgängern und Zeitgenossen anrät, ist nicht mehr und nicht weniger als die Eliminierung der Reste des Gottglaubens aus den Herzen und Hirnen der Menschen. Zum Unterschied von deklarierten Atheisten, die – wie der als Vorgänger zu bezeichnende anarchistische Theoretiker Johann Most, der schon im vergangenen Jahrhundert von der „Gottespest" (1) sprach der zeitgenössische psychoanalytische Mitstreiter Richters, Tilmann Moser, der eine „Gottesvergiftung" (2) diagnostiziert – aus ihrem Herzen keine Mördergrube machen und den Gottesglauben als Wahn behandeln, der von der Wurzel her bekämpft und ausgerottet werden muss, legt sich Richter in der der psychologischen zugrundeliegenden ontologischen Frage nicht fest. Er leugnet an keiner Stelle die Existenz Gottes ausdrücklich, er versucht nur zu zeigen, dass das Fortwirken des Gottesglaubens auch nach dem von den Philosophen verkündeten „Tod Gottes" verhängnisvolle Folgen nach sich zog.

* Dieser Aufsatz ist 1988 im Verlag Ströher, Buseck erschienen. Autor und Verleger danken Herrn Dr. Herwig Ströher für die Abdruckerlaubnis.

102

Es bleibe dahingestellt, ob Richter diese Zurückhaltung aus taktischen oder prinzipiellen Gründen übt, jedenfalls lässt seine Polemik gegen den „Gotteskomplex" zunächst die Möglichkeit offen, dass es sich hierbei nur um eine Anklage gegen eine bestimmte historische Erscheinungsform und psychologische Verarbeitung des Gottesglaubens handle und nicht um einen Angriff auf den ontologischen Grundbestand des Gottesglaubens selbst. Trotzdem muss man annehmen, dass Richter zwar gegen eine bestimmte historische Ausprägung des Gottesglaubens zu Felde zieht, damit aber nicht nur diese Ausprägung, sondern – pars pro toto – auch den Gottesglauben selbst treffen und entwurzeln will. Denn wenn Richter an Gott glaubte oder die Möglichkeit seiner Existenz offenließe, müsste er nach Mitteln und Wegen Ausschau halten, um den Gottesglauben von psychologischen Fehlanwendungen zu befreien und in seiner ontologischen Reinheit erstehen zu lassen. Doch Richter unternimmt einen solchen Versuch keineswegs, sondern wirft der bisherigen Entwicklung und den heute lebenden Menschen im Gegenteil vor, sich zu wenig weit vom totgesagten Gott emanzipiert zu haben. Es wird also nicht klar, ob nun Richter die ontologische Frage verschleiert und zurückstellt, um keinen übermäßigen Anstoß zu erregen, oder weil er sich nicht über den Bereich der Psychologie, für den er vor allem zuständig ist, hinausbegeben will. Die ontologische Frage, ob Gott ist, lässt sich bei einer systematischen Prüfung von Richters Gedankengängen nicht ausschalten. Die Reduktion der

Ontologie auf die Psychologie mag für Richter selbst unvermeidlich oder doch zweckmäßig sein, um sich auf diese Art weniger Angriffen auszusetzen. Für uns ist diese Verschleierung kein Grund, den Rekurs auf die ontologische Frage zu vermeiden und uns gleich Richter in den Sphären bloßer Psychologie zu bewegen.

Denn wenn die ontologische Frage zugunsten der Existenz Gottes ausfällt, müssen alle psychologischen und historischen Nachteile, die sich aus der Anerkennung der Wahrheit ergeben, in Kauf genommen oder können als Missverständnisse und Fehlinterpretationen der Wahrheit korrigiert werden. Und wenn die Prüfung der ontologischen Frage umgekehrt ein Nein zu Gott ergäbe, könnten auch die vorteilhaftesten Wirkungen, die der Gottesglaube zeitigt, nichts daran ändern, dass es sich um bloße Sekundärphänomene einer Illusion handelt, deren Nützlichkeit nicht über deren ontologische Haltlosigkeit hinwegzutäuschen vermöchte. Denn wenn die psychologische Disposition und Präferenz auch im einen Falle die Haltung, dass man Gott erfinden müsste, wenn er nicht existierte, und im anderen Fall die, dass man seine Idee abschaffen müsste, selbst wenn er existierte, nahelegt, so ist damit in beiden Fällen noch nichts über die Wahrheitsfrage selbst ausgesagt, sondern nur etwas darüber, welche der beiden Annahmen wünschenswerter und daher unter praktischen Gesichtspunkten vorzuziehen ist.

Damit aber ist die Frage der Existenz Gottes erneut in den Bereich der praktischen Vernunft, die

Psychologie und Ethik verbindet, abgedrängt. Doch spricht nicht einiges dafür, die Frage auf dieser Ebene zu behandeln, wo doch Kant selbst das Vorbild dafür gab, indem er die Gottesbeweise als Grenzüberschreitung der menschlichen Vernunft verwarf und Gott dennoch als Postulat der praktischen Vernunft, als unentbehrliche regulative Idee, rehabilitierte?

Die Diskussion zwischen Atheisten und Theisten erscheint in der Tat dadurch in eine Sackgasse geraten zu sein, dass die Atheisten oder auch die Agnostiker, die die Existenz Gottes für unerkennbar halten und daher auf sich beruhen lassen, den Theisten ihre Beweise zugunsten der Existenz Gottes nicht abnehmen. Sie halten ihnen nicht nur die Kantschen erkenntniskritischen Argumente entgegen, sie bemängeln auch, dass die einzelnen Beweise und Gedankengänge, wie der kosmologische, teleologische und ontologische, einzeln genommen, nicht ausreichen, aber auch zusammengenommen nicht imstande sind, die Sicherheit zu erzeugen und im Wege einer Summation zu gewinnen, die den einzelnen Beweisen und Argumenten abgeht. Die Theisten scheinen also nie imstande, den von ihnen erwarteten Beweis zur Zufriedenheit ihrer Kontrahenten zu erbringen. Angesichts dieser Sachlage, die nahe an die Lösung der Unentscheidbarkeit der Frage heranführt, bietet sich von beiden Seiten der Ausweg an, sich in die Sphäre des Glaubens, die der des Wissens gegenübergestellt wird, zurückzuziehen. Der Nichtgläubige könnte dem Gläubigen zugestehen, über eine Erkenntnisquelle zu verfügen, von der der Nichtgläubige aus irgendwelchen Gründen keinen Gebrauch machen will, der Gläubige wiederum könnte sich in der Unangreifbarkeit und rationalen Unerschütterlichkeit seiner Sphäre immunisieren und sich damit dem Zugriff der Ungläubigen und Skeptiker entziehen.

Mit dieser beidseitigen Verschanzung ist zwar die individuelle Bewahrung der eigenen Position gesichert, für einen Dialog zwischen den beiden Streitteilen aber ist meritorisch nichts gewonnen. Denn wer darf hoffen, die Schranke zwischen Glauben und Unglauben im Wege des Dialoges zu überspringen? Müssen wir uns aber wirklich damit abfinden, den rationalen Diskurs mangels gemeinsamer Grundlagen nicht weiterführen und den irrationalen Abgrund, der zwischen Glauben und Unglauben klafft, erst recht nicht überwinden zu können? Gibt es zwischen streng rationaler Beweisführung und dezisionistischer Parteinahme für oder gegen den Glauben nichts, woran man sich halten kann? Bietet sich kein Ausweg aus dem Dilemma der Pattstellung, die die Streitteile erreicht haben, an?

Es soll hier in aller gebotenen Kürze versucht werden, einen solchen Ausweg anzubieten, und zwar nicht unter Rückgriff auf Überlegungen der altehrwürdigen antiken oder christlichen Philosophie, sondern unter Berufung auf eine Position, die dem fortgeschrittensten Erkenntnisstand der modernen Wissenschaftstheorie entspricht und daher erkenntniskritisch abgesichert erscheint.

Wolfgang Stegmüller, der führende analytisch orientierte Wissenschaftstheoretiker des deutschen

Sprachraums, kommt in Zusammenhang seiner Gedanken zur Abgrenzungsproblematik zwischen Wissenschaft und Metaphysik auf „vorrationale Urentscheidungen" (3) zu sprechen. Solche Urentscheidungen stellen nach Stegmüller präjudizierende Weichenstellungen des Denkens dar, um deren Fällung und Anerkennung man nicht herumkommt. Mit dieser Überlegung hängt eine andere, nicht minder fundamentale zusammen, die Stegmüller mit großer Deutlichkeit unterstreichst: die der Nichteliminierbarkeit der Evidenz als einer Grundvoraussetzung menschlichen Wissens und menschlicher Weltorientierung. Die Evidenz ist nach Stegmüller deshalb nicht eliminierbar, weil sie aller Einzelerkenntnis vorhergeht und ihre Leugnung nur durch Berufung auf eine Gegenevidenz möglich ist. Eine solche Bemühung einer Gegenevidenz zur Entwurzelung einer Evidenz aber stellt einen Widerspruch in sich selbst dar. Allerdings verfährt auch der, der seine Evidenz durch weitere Gründe als die, die im Wege der Evidenz ohnehin für sich selbst sprechen, absichern will, zirkulär, denn er versucht überflüssigerweise, das zu stützen, was bereits hinlänglich gestützt erscheint.

Ich bin der Überzeugung, das diese verkürzt, aber nicht verzerrt wiedergegebenen Überlegungen Stegmüllers und anderer für die uns beschäftigende Problematik der Gottesbeweise etwas hergeben, ja möglicherweise der Schlüssel zur Überwindung der festgefahrenen Situation sind. Haben wir es bei der Gottesfrage nicht gerade mit einem Problem zu tun, dem durch Beweise im traditionellen Sinn nicht beizukommen ist, weil in der Gotteserfahrung etwas vorliegt, das über Beweise erhaben ist und daher auch durch Beweise nicht getroffen, durch Gegenbeweise aber auch nicht entwurzelt wird?

Was bedeuten diese Feststellungen für unsere Fragestellung? Sie bedeuten unter anderem eine veränderte Sachlage, derzufolge die Theisten, die nach den herkömmlichen Beweisregeln den Beweis für ihre Behauptung erbringen müssen, ihn aber nie zur Zufriedenheit der Atheisten bzw. agnostischer Skeptiker erbringen können, nicht in dieser prekären Situation verbleiben müssen, ohne darauf verzichten zu müssen, die Überlegungen, die keine Beweise im strikten Sinne sind, als Indizien für die Richtigkeit des eigenen Standpunktes ins Treffen zu führen. Da der Gottesfrage ein Evidenzerlebnis zugrundeliegt, verfehlen Beweise ebenso wie Kriterien das, was es eigentlich zu erklären und zu beschreiben gibt. Das Evidenzerlebnis der Existenz eines höchsten Wesens ist aber nun trotz aller Unterschiedlichkeit der historischen Einkleidung eine universelle, transkulturelle Tatsache, ebenso wie die Existenz von Religion als einer übergreifenden Erscheinungsform aller Kulturen. Auch diese Tatsache, die in der traditionellen Philosophie und Apologetik als „ethnologischer Gottesbeweis" geführt wird, ist natürlich kein Beweis im streng logischen Sinn, wohl aber ein gewichtiges Indiz für die Universalität eines Ur- und Evidenzerlebnisses. Der Hinweis auf dieses Evidenzerlebnis, das die größten Philosophen und Geister der Menschheitsgeschichte mit den einfachen Menschen verbindet, ver-

kehrt die Sachlage zugunsten der an Gott Glauben-
den. Nun sind es nicht mehr die Theisten, die einen
Beweis zu erbringen, sondern die Atheisten, die eine
Gegenevidenz zu produzieren haben, um das universelle Evidenzerlebnis der Existenz eines höchsten
Wesens zu erschüttern. Nun kann sich aber ein Evidenzerlebnis immer nur auf ein vorhandenes Sein,
nicht aber auf die Nicht-Existenz eines angenomme-
nen Seins beziehen. Um das Evidenzerlebnis der
Existenz eines höchsten Wesens und das daraus
resultierende Grunderlebnis der Geschöpflichkeit
erschüttern zu können, müsste es ein Evidenzerlebnis
der Selbsterzeugung als radikalster Alternative zur
Geschöpflichkeit geben. Doch diese Annahme ist
nicht zufällig eine historisch sehr spät auftauchende,
die sich in keiner Kultur durchzusetzen vermochte.
Selbst Marx musste zugeben und als Schwierigkeit für
die Vermittlung der Botschaft des „Durchsichselbst-
bestimmtseins" des Menschen anführen, dass ein solches allen „Handgreiflichkeiten" des praktischen
Lebens" (4), das für die Abhängigkeit zeuge, wider-
spreche.

Der Gottesglaube hat nicht nur den Vorzug, sich
auf ein Evidenzerlebnis stützen zu können, während
der Unglaube mit einer existentiell nicht gedeckten
Erfahrung operiert, er stellt auch die Vereinigung verschiedener Erlebnisse und Erfahrungen dar, denen der
Unglaube nur ein Nichts oder die reduktionistische
Wegleugnung der Relevanz der Erfahrung entgegen-
zusetzen vermag. Im Gottesglauben fließen nun mindestens sieben Grunderfahrungen zusammen, die

nach dem Gesagten nicht als Beweise, sondern als Elemente des Gottesglaubens, als Entfaltungen der vorhergängigen Evidenz anzusehen sind: Als erste Erfahrung wäre das vom Philosophen und Theologen Friedrich Schleiermacher apostrophierte „Gefühl der schlechthinnigen Abhängigkeit" (5) zu nennen.

Dieses zunächst noch neutrale und auch für negative Ausprägungen offene Gefühl wird durch eine vertrauensvolle Zuwendung zur Wirklichkeit, von der man abhängig ist, ergänzt und positiv geprägt. Diese positive Grundeinstellung, dass man mit Erik Erikson auch in einem ontologischen Sinne als „Urvertrauen" (6) bezeichnen könnte, hängt wiederum eng mit der Erfahrung der Notwendigkeit des Seins, die vor allem von Max Scheler reflektiert wurde, zusammen. Die Überzeugung, dass das Sein sein muss und nicht auch nicht sein sein könnte, trägt die Idee des notwendigen Seins und damit auch die Idee Gottes, der unserem zufälligen und flüchtigen Sein Dauer und Bestand verleiht, in sich. Demselben Ergebnis hat sich der austromarxistische Philosoph Max Adler von einer ganz anderen Argumentation her genähert, die ebenfalls in einer nichtreflexiven Urerfahrung wurzelt: Er machte darauf aufmerksam, dass wir den Nichtbestand des Bewusstseins zwar aussprechen, aber nicht eigentlich nachvollziehen und in unsere Vorstellung aufnehmen können. Wenn wir das Bewusstsein wegdenken, und trotzdem an der unveränderten Existenz der Welt festhalten, geben wir uns einer Täuschung hin – wir sind nämlich gar nicht imstande, vom Bewusstsein als einer Voraussetzung der Wirklichkeit zu abstrahieren, weil wir zu einer solchen Abstraktion erst recht unser Bewusstsein zur Hilfe nehmen müssen. So selbstverständlich die Annahme selbstablaufender Naturvorgänge zunächst auch scheinen mag, sie ist für den menschlichen Geist in Wahrheit unvollziehbar und stellt eine Erschleichung der Wirklichkeit, nicht aber deren Erklärung dar. Auch der erkenntnistheoretische Realismus der kirchlichen Schulphilosophie stellt die bewusstseinsunabhängige Existenz der Außenwelt nur gegenüber dem menschlichen Bewusstsein sicher: Wir erkennen die Dinge zwar, wie sie sind und weil sie sind, aber sie sind, weil Gott sie will und nicht aufhört, sie in seinem Geist, in dem Erkennen und Wollen eins sind, zu halten und zu tragen. Der dialektische Materialismus als die konsequente Form der Gegentheologie muss zur Annahme einer ewigen (ohne Zuhilfenahme eines transzendenten Prinzips, ja ohne einen besonders in ihr wirksamen Faktor) und trotzdem bewegten und sich entfaltenden Materie greifen, um den Geist, der über den Wassern schwebt und aus dem Chaos Kosmos stiftet, zu entgehen. Damit aber ist er gezwungen, der Materie alle jene Attribute zuzuschreiben, die er Gott aberkannt hat, und damit eine zutiefst metaphysische Vorstellung zu produzieren, die den Nachteil hat, von den meisten Menschen weniger leicht nachempfunden werden zu können als die Vorstellung des Geistes, zu dem die Ewigkeit schon begrifflich gehört. Der Materialismus beweist durch die Produktion schlechter Metaphysik, dass der Mensch metaphysischen Annahmen nicht entrinnen kann – in Übereinstimmung mit der Feststellung Stegmüllers, dass auch die Entscheidung gegen die Metaphysik eine metaphysische ist (7). Wenn aber der Mensch der Metaphysik ohnehin nicht zu entrinnen vermag, warum soll er sich nicht zu ihr und ihren traditionellen Inhalten bekennen, und warum soll er in eine uneingestandene Form der Metaphysik ausweichen, die noch dazu den Nachteil hat, den Menschen kalt und alleine in der Welt zu lassen?

Der Gottesbegriff leistet nämlich nicht nur die in den bisherigen vier Elementen dargelegte Weltorientierung, er bietet dem Menschen auch die Erfüllung seiner tiefsten Bedürfnisse. Wenn die Psychologisten einwenden, dass der Mensch unter dem Eindruck dieser Bedürfnisse zu Gott komme, und daraus den Schluss ziehen zu können meinen, die Gottesidee sei „nichts als" die Rationalisierung und personifizierte Befriedigung dieser Bedürfnisse, so verwechseln sie auch hier in Verkennung und Verkehrung der wahren Sachlage Ursache und Wirkung: Gott und die Annahme Gottes im Glauben sind deshalb in der Lage, die tiefsten emotionalen Bedürfnisse des Menschen zu befriedigen, weil sie ihnen ein ontologisches Fundament geben, und in diesem Sinne ist es auch richtig, dass der Mensch durch diese Bedürfnisse zu Gott hingeführt wird: Aber die Bedürfnisse erzeugen Gott nicht, sie bezeugen ihn vielmehr nur kraft der Hinordnung des Menschen auf seinen göttlichen Urgrund.

Die Idee des Göttlichen als der Inbegriff des vom protestantischen Theologen Rudolf Otto besonders eingehend analysierten „Heiligen" und „Numinosen" (8) eröffnet dem Menschen die Möglichkeit, im Endlichen weiterzugehen, ohne sich am Unendlichen zu vergreifen und zu versündigen. Die Idee des Mysteriums ist kein Hindernis für den menschlichen Forschergeist, der soundsoviele Rätsel zu enträtseln und zu lösen vermag – sie bewahrt diesen Geist vielmehr davor, in Hybris zu verfallen und die Ehrfurcht vor dem Sein zu verlieren. Dagegen haben die Begriffe „Mysterium" und „Ehrfurcht" in einem rein szientistischen und materialistischen Weltbild keinen Stellenwert; ja stellen Hindernisse für die vollständige Erfassung der Wirklichkeit dar, die in Form asymptotischer Annäherung für möglich gehalten wird.

An diesem Beispiel wird deutlich, welche Verarmung und Profanierung das Abgehen von der religiösen und theistischen Grundposition nach sich zieht: Ein Großteil der Phänomene, denen eine religiös-phänomenologische Schau einen ontologischen Status und Sinn zu geben vermag, verschwinden und lassen den Menschen – nach seiner Beraubung – verlassen zurück. Auch das Phänomen der Moral, der Idee eines sittlichen Gesetzes, führt nach Kant zur Gottesidee hin, wenn auch die Inhalte der Moral kraft Selbstbindung unabhängig von Gott gelten. Der protestantische Theologe Paul Tillich spricht von dem, „was uns unbedingt angeht" *(ultimate concern)* (9). Auch dieses Unbedingte des Sittlichen inmitten aller Bedingtheit des Innerweltlichen weist auf ein unbedingtes Sein, auf ein unbedingtes Sollen, auf einen Imperator hin. Die unbedingte Forderung kulminiert so sehr in der Idee eines unbedingten Wesens, das im

Gewissen an uns herantritt, dass es kein bloßes Vorurteil ist, wenn man deklarierten Atheisten einen Mangel an Moral oder wenigstens einen Mangel an Reflexion über die Fundierung ihrer jeweiligen unbedingten Gültigkeit unterstellt. Ebenso kommt man nicht umhin, Atheisten vorzuwerfen, dass sie der möglichen Tiefendimension des Menschen nicht gerecht werden: Wenn Richter meint, dass die Loslösung vom „Gotteskomplex" die Voraussetzung dafür sei, dass sich der Mensch seinen Mitmenschen in Sympathie und Mitleid zuwende, so verkennt er, dass gerade die Anerkennung eines metaphysischen Bezugspunktes, die Ergreifung eines ewigen Du, den menschlichen Beziehungen ihren Wert und ihre Würde verleiht, ihnen allerdings auch die Grenzen des von Mensch zu Mensch Leistbaren zum Bewusstsein bringt.

Schließlich muss auch noch darauf hingewiesen werden, dass der Atheismus nicht nur ein moralisches, existentielles und personales Defizit mit sich herumschleppt und seinen Anhängern zumutet: er leidet auch an einem Rationalitätsdefizit. Denn es ist, von allen sonstigen Implikationen und Nebenwirkungen abgesehen, einfach vernünftiger anzunehmen, dass sich das Vernünftige aus dem Vernünftigen entwickelt hat, als umgekehrt davon auszugehen, dass das Sein wesentlich und ursprünglich unvernünftig ist und sich erst auf einer späten Stufe seiner Entwicklung zum Bewusstsein herausgebildet habe. Denn wenn es keine zielstrebige Kraft gibt, die die Entwicklung auf eine bestimmte Stufe, die sie erreichen muss, hinlenkt, dann hätte das vom Zufall beherrschte Sein auch auf der Strecke stehenbleiben und nie zum Bewusstsein seiner selbst gelangen können. Nur wer die grandiose Paradoxie eines nie zum Verständnis seiner selbst gelangten Seins zu reflektieren und auszuhalten vermag, kann guten Gewissens für den Evolutionismus plädieren. Auch dann aber bleibt der Evolutionismus brüchig und wird nicht schlüssig: So selbstverständlich es uns als Kindern des naturwissenschaftlichen Zeitalters anmutet, alles auf Entwicklungsprozesse zurückzuführen, so wenig sollte die ontologische Frage damit erledigt und präjudiziert sein. Denn die von der Wissenschaft belegte und systematisierte Erfahrungstatsache, dass sich das Höhere aus dem Niederen entwickelt, macht die philosophische Vorfrage, ob das Höhere nicht trotzdem oder gerade deshalb das fundierende Sein ist, das der Entwicklung vorhergeht, keineswegs überflüssig, sondern ruft sie geradezu auf den Plan. Die unbesehene Übertragung naturwissenschaftlicher Erkenntnisse und Prinzipien auf die Erklärung der Gesamtwirklichkeit stellt eine Todsünde, einen fundamentalen Verstoß methodischer Natur dar. Die Wirklichkeit entwickelt sich zwar naturgesetzlich und steigt daher vom Niederen zum Höheren auf, aber in aller Entwicklung wird ontologisch nur etwas Vorgegebenes entfaltet. Schon der Begriff der „Entwicklung" legt ja nahe, dass im Entwicklungsprozess nur etwas herauskommen kann, was in ihm schon angelegt ist, dass also keine neuen Qualitäten erzeugt, sondern nur verborgene offenbar gemacht werden.

Erst wenn man sich durch diese und andere Überlegungen vergegenwärtigt hat, dass der Gottesglaube
keine bloße Wunschvorstellung ist, sondern ein Evidenzerlebnis, das durch wissenschaftliche und sons-
tige Überlegungen nicht erschüttert, sondern nur
noch bestärkt wird, kann man sich mit den psycholo-
gisch-historischen Argumenten, die Richter gegen den
„Gotteskomplex" anführt, auseinandersetzen und
deren Relativität aufzeigen. Erst wenn man sich dessen bewusst ist, dass die Idee Gottes keine bloße Projektion des menschlichen Bewusstseins, sondern eine
vorgängige Introjektion des göttlichen Bewusstseins
in das menschliche Bewusstsein darstellt, aufgrund
deren überhaupt erst projiziert zu werden vermag,
kann man sich der Frage, wie sich die Verarbeitung
dieser Idee historisch und psychologisch auswirkt,
zuwenden. Diese Frage ist keineswegs überflüssig
oder illegitim, sie ist aber dann keine Frage mehr, die
über Sein oder Nichtsein, sondern nur eine, die über
verschiedene Formen und Möglichkeiten des Soseins
entscheidet.

Unter diesem einschränkenden Aspekt kann man
der Analyse Richters eine gewisse Plausibilität nicht
absprechen. Man kann ihm zugestehen, dass sich die
Gottesidee in der von ihm charakterisierten negativen
Weise auswirken kann, ohne dass man deshalb an
Gott selbst irrezuwerden brauchte. Zur Verdeutlichung kann das innerweltliche Phänomen der Liebe
herangezogen werden, das uns insofern mitten in die
angesprochene Problematik hineinführt, als Gott ja
Liebe und liebende Zuwendung zum Menschen ist.

Wer käme auf die Idee, die Liebe deshalb abzulehnen und zu verlangen, dass sich die Menschen diese Liebe aus dem Herzen reißen, weil sie in so und so vielen Fällen empirisch mit Gefühlen und Deformationen vermischt ist, die der Idee der reinen Liebe widerstreiten? Schüttet aber Richter nicht gerade dadurch in der besagten Weise das Kind mit dem Bade aus, dass er den Gottesglauben mit narzisstischen Allmachtsgefühlen, die sich im Zuge der Loslösung vom Mittelalter herausgebildet haben, identifiziert? Im Mittelalter hat es Richter zufolge das Gefühl der Ohnmacht, gleichzeitig aber das der Geborgenheit gegeben, das in der modernen Wirklichkeit der Angst Platz gemacht habe.

Die historische Periodisierung und Zuordnung, die Richter vornimmt, erscheint schon an und für sich anfechtbar, in Verbindung mit dem impliziten Anspruch, über den Wert des Gottesglaubens selbst zu befinden, wird sie vollends problematisch. Denn auch die mittelalterliche Geborgenheit lässt sich als eine, wenn auch passive Hingabe und Partizipation an der göttlichen Allmacht deuten, wie man andererseits auch der Moderne in vielen ihrer Erscheinungsformen Gefühle der Ohnmacht angesichts heraufziehender kosmischer Gefahren attestieren muss. Die Gegenüberstellung des mittelalterlichen und des neuzeitlichen Selbstverständnisses hat also etwas von einer gewaltsamen Abstraktion und Einseitigkeit an sich, wenn auch nicht geleugnet werden soll, dass sich die Akzente vielfach in die von Richter aufgezeigte Richtung verschoben haben. Doch wenn man sich einmal vergegenwärtigt, dass der Dialog zwischen Gott und dem Menschen nicht nur in Perioden verläuft, sondern jeder Mensch und jede Epoche im Sinne Rankes „unmittelbar zu Gott" stehen, dürfen wir erwarten, alle möglichen Haltungen und Fehlhaltungen immer wieder zu finden.

Die von Richter historisch und epochal fixierte Form der Gotteserfahrung ist in Wahrheit ein Spannungsfeld, in dem sich die Beziehung von Gott und Mensch seit jeher bewegt hat und bis an das Ende aller Zeiten bewegen wird. Im Rahmen dieses Spannungsverhältnisses können das eine Mal Gefühle der Ohnmacht, das andere Mal solche der Allmacht überwiegen, weil beide existentielle und theologische Anknüpfungspunkte in der Geschöpflichkeit, bzw. in der Teilnahme an der göttlichen Allmacht haben. Gleichzeitig aber stellen die konkurrierenden Prinzipien, zwischen denen nach Richter die Gotteserfahrung schwankt, nur extreme Positionen dar, die einander korrigieren und zwischen denen die Wirklichkeit der religiösen Erfahrung liegt. Der Mensch ist nämlich sowohl Geschöpf als auch Mitschöpfer der ihm anvertrauten Welt. Die einseitige Betonung seiner Geschöpflichkeit kann ihn erdrücken und um die Möglichkeiten schöpferischer Gestaltung bringen, wie ihn umgekehrt die Identifikation mit der göttlichen Allmacht unfähig machen kann, die Grenzen seiner Geschöpflichkeit zu erkennen und zu respektieren. Doch im Prinzip ist die Möglichkeit der harmonischen Vermittlung und Ineinssetzung der beiden extremen dialektischen Positionen in der religiösen

Erfahrung angelegt, und es gibt auch ungezählte Beispiele, die einen solchen gelungenen Ausgleich demonstrieren.

Wenn man sich schon auf die von Richter durchgeführte Periodisierung und die Gegenüberstellung von mittelalterlicher Ohnmacht und neuzeitlicher Allmacht einlässt, so erhebt sich die Frage, ob Richter der Komplexität des in Gang gekommenen Prozesses gerecht wird, wenn er ihn ausschließlich oder doch in erster Linie als einen triebhaften Vorgang deutet, nur deshalb, weil sich dieser Prozess überwiegend im Unbewusstsein abgespielt hat. Gilt das Gesetz des Unbewussten nicht auch für das, was Viktor E. Frankl in seinem Buch „Der unbewusste Gott" „die geistige Tiefenperson" genannt hat, von der auch die folgende Aussage gilt: „Die Tiefenperson. nämlich die geistige Tiefenperson, also jene Tiefenperson, die allein verdient, im wahren Sinne Tiefenperson genannt zu werden, ist unreflektiert, weil unreflektierbar, und in diesem Sinne kann sie auch unbewusst genannt werden." Frankl weiter: „Während demnach die geistige Person grundsätzlich sowohl bewusst als auch unbewusst sein kann, können wir sagen, dass die geistige Tiefenperson obligat unbewusst ist – also nicht etwa bloß fakultativ, mit anderen Worten: In seiner Tiefe, ‚im Grunde‘, ist Geistiges notwendig, weil wesentlich unbewusst." Und Frankl schließt:

„Aus all dem ergibt sich nicht weniger, als dass just die ‚Mitte‘ menschlichen Seins (die Person) in der ‚Tiefe‘ (die Tiefenperson) unbewusst ist: Der Geist ist gerade an seinem Ursprung unbewusster Geist." (10)

Doch wenn man zur Korrektur der in den Ausführungen Richters zum Vorschein kommenden triebdynamischen Einseitigkeit, die geistiges Sein auf Triebgeschehen zurückführen will, auf die Franklsche Sicht der unbewusst verlaufenden Gesetzlichkeit des Geistes rekurrieren muss, so muss man sich auf der anderen Seite auch überlegen, ob der von Richter beschriebene Prozess und Allmachtswahn nicht das Ergebnis einer bewussten Auflehnung gegen die Suprematie Gottes ist, ob Richter also nicht viel eher den problematischen Trotz des Wie-Gott-sein-und-werden-Wollens beschreibt als eine bewusste oder unbewusste Ausprägung des Gottesgedankens. Man kann auf weiten Strecken mit der Beschreibung Richters konform gehen und doch zu einer verschiedenen Interpretation gelangen: Was für Richter das unbewusste Weiterwirken der Gottesidee nach dem Verlust Gottes und nach der Verkündigung seines Todes ist, stellt sich von einem religiösen Standpunkt als Prozess des Widerstandes gegen Gott, als Versuch der Aufkündigung der Geschöpflichkeit dar. Und ein solcher Prozess musste tatsächlich all die nachteiligen Wirkungen haben, die Richter aufzeigt. Richter will uns glauben machen, dass der Mensch erst dann frei wird und – als Individuum wie in der Gemeinschaft – zu seiner vollen Verwirklichung findet, wenn er nicht bloß rational mit dem alten Gottesglauben gebrochen hat, wie es nach ihm schon mit Beginn der Neuzeit der Fall war, sondern sich auch emotional freispielt und nicht mehr an das göttliche Vorbild gebunden fühlt. Erst wenn auch der „unbewusste Gott" überwunden sein wird, kann der Mensch – entlastet von dem übermächtigen Druck, der auf ihm lastete – zu seiner reduzierten, innerhalb dieser Grenzen aber wahren und echten Menschlichkeit gelangen.

Doch der Mensch hat – wie die Geschichte lehrt und die philosphisch-theologische Reflexion bestätigt – gar nicht die Wahl, Gott nachzufolgen oder ihm zu entsagen; er kann der Idee Gottes, die ihm als ontologisches Prius vorgegeben ist, gar nicht entfliehen. Auch dort, wo er dies zu tun und zu können meint, bewegt er sich vielmehr im Banne der Gottesvorstellung.

Die Welt Richters, in der die Menschen so sehr auf Gott vergessen haben, dass er nicht einmal mehr als unbewusste Erinnerung in ihnen fortlebt, wird nie kommen. Eine solche Welt ist aber nicht bloß eine unmögliche bis unwahrscheinliche Welt, sie wäre auch kein schöner Kosmos. Denn mit Max Horkheimer müssen wir sagen und dürfen wir bekennen, dass wer der Welt das Theologische raubt, auch das Höhere in ihr zum Verschwinden bringt, selbst wenn er in bester gegenteiliger Absicht handelt. Alles, was der Mensch kann, ist, etwas Bedingtes zum Unbedingten zu machen und einen irdischen Abgott an die Stelle des absoluten Gottes zu setzen. Wir dürfen nach allen historischen Erfahrungen bezweifeln, ob dies ein guter Tausch ist. Freilich sind auch im Namen der Religion und im Raum der Kirche Götzen anstelle des einen wahren Gottes gesetzt worden, doch das Korrektiv war bei der Hand und konnte den Fehlentwicklungen entgegengehalten werden. Wo aber bleibt das Korrektiv gegenüber einer sich selbst absolut setzenden Menschlichkeit, die dann meistens auch dazu neigt, irgendeinen innerweltlichen Wert zu verabsolutieren und so die Entfernung von der göttlichen Mitte durch eine Verlängerung in der Entfernung von der menschlichen Mitte zu besiegeln?

Richter macht der Religion, im Besonderen dem christlichen Glauben, den Vorwurf, den Menschen das eine Mal zur Ohnmacht zu verdammen, das andere Mal in Allmachtsphantasien hineinzumanövrieren. In ähnlicher Weise hat Karl Marx neben vielen anderen dem Christentum angelastet, die Abhängigkeit des Menschen gefordert und die historische Unterdrückung gefördert zu haben. Auf der anderen Seite haben Denker wie Friedrich Nietzsche dem Christentum den Vorwurf gemacht, den Aufstand der Sklaven gegen die Herren gepredigt und eine „Tschandala-Religion" verkündet zu haben. Beide Vorwürfe haben einen berechtigten Kern und treffen auf verschiedene Phänomene zu verschiedenen Zeiten zu, wenn sie sich im höheren Sinne auch aufheben. Als dialektische Momente eines Spannungsfeldes sind sie ebenso festzuhalten wie die Extreme von Ohnmacht und Allmacht, sie schöpfen aber die Phänomenologie des Religiösen bei weitem nicht aus, sondern stellen nur extreme Gegensätze dar, zwischen denen sich die Wirklichkeit bewegt.

Es ist also keineswegs richtig, dass wir, wie uns Richter suggeriert, den Boden des bewusst Religiösen verlassen und uns dem Neuland der reinen Menschlichkeit, über das sich kein Himmel mehr spannt, zuwenden müssen, um uns als vollwertige Menschen zu erleben und zu bewähren. Alles, was wir tun müssen, ist der Abbau von Einseitigkeiten und Fixierungen, die sich weder unter religiösen noch unter irreligiösen Vorzeichen je ganz vermeiden lassen. Richter kennt den Reichtum und die Vielfalt der religiösen Perspektive offenbar zu wenig, sonst würde er nicht überflüssige Polemiken einschalten und offene Türen einrennen. So spielt er an einer Stelle seines Buches die zyklische Perspektive des Lebens, die das Sterben bejaht und einschließt, gegen die „Vorwärts-Perspektive" aus. Doch ist nicht gerade die christliche Vorstellung, der zufolge der Mensch aus der Hand Gottes kommt und nach dem Tode wieder zu ihm zurückkehrt, eine spezifisch zyklische? Muss man aus dem Christentum ausbrechen, um zu erkennen, dass die von Richter aufgezeigten Formen der Leidensvernichtung, der Leidensflucht und der Leidensverachtung keine vollwertigen Haltungen dem Leid gegenüber sind? Wenn sich die Kritik Richters aber ohnehin mehr gegen die säkularisierten Schatten des Christlichen, gegen dessen neuzeitlichen Abklatsch richtet, als gegen die christliche Vorlage selbst, nach welcher Logik soll es dann zielführend sein, den Prozess der Säkularisierung ins Ungemessene zu steigern, statt sich dem Urbild zuzuwenden und den Versuch zu unternehmen, es zeitgemäß zu restaurieren?

Der Mensch darf sich freudig und stolz als Geschöpf bekennen, ohne dadurch zum Gefühl der Ohnmacht verdammt zu sein, wohl aber erlebt und erfährt er durch das Medium dieses Bewusstseins seine Grenzen, die ihn in seinen Möglichkeiten beschränken, gleichzeitig aber von der letzten Verantwortung für das Schicksal der Welt entlasten. Er darf aber auch als von Gott Herangezogener an dessen Schöpferkraft partizipieren und zur Vollendung der Schöpfung beitragen, ohne dass dieses Bewusstsein der Teilnahme an der göttlichen Allmacht zu einer Verwischung der qualitativen Dimensionsunterschiede ihr gegenüber führen oder gar in prometheischen Trotz und Allmachtswahn ausarten muss. Nur in diesem Versuch einer existentiellen Vermittlung der von Gott gestifteten Dialektik, nicht aber durch den Exodus aus der von Gott gewollten kosmischen und existentiellen Ordnung, die nun einmal eine Ordnung voller Gegensätze und Gefahren ist, kann der Mensch seine Bestimmung erfüllen und zur vollen individuellen und historischen Reife heranwachsen.

11. Paul R. Tarmann:
Anmerkungen zum Reduktionismus

Das von Norbert Leser aufgegriffene Thema ruft immer wieder emotionsgeladene Reaktionen hervor, obwohl schon so viel darüber gesagt wurde. Glaube und Wissen werden zumeist nicht als unterschiedliche Zugänge zur selben Wahrheit, also gewissermaßen als Einheit gedacht, sondern als grundsätzlich unversöhnliche Gegensätze. Besonders die Debatte über Schöpfung und Evolution ist ein bekanntes Beispiel für diese Kontroverse, wie auch die mediale Auseinandersetzung im Anschluss an den Artikel „Finding Design in Nature" vom Wiener Kardinal Christoph Schönborn vom 11. Juli 2005 in der *New York Times* zeigte. Nicht umsonst war für Leser die Veröffentlichung in der hier vorliegenden Form ein „Herzensanliegen", er bezeichnet es im persönlichen Gespräch wiederholt als „Krönung" seines bisherigen wissenschaftlichen und schriftstellerischen Schaffens – man könnte ergänzend den Wunsch aussprechen, dass dieser Krönung noch viele weitere folgen mögen. Dieses Büchlein darf übrigens auch als – zum größten Teil selbst geschenktes – Geburtstagsgeschenk für den nahenden achtzigsten Geburtstag des international renommierten Sozialphilosophen und Politikwissenschaftlers Norbert Leser dienen darf.

Doch dieser Autor zweifelte keinen Augenblick an der Wichtigkeit des Mitwirkens vieler beteiligter Personen, von denen zunächst Prof. Anton Zeilinger der das Geleitwort beisteuerte, Frau Brigitte Strobele vom Ibera-Verlag, sowie der sich als unabkömmlich erweisende Student Dominic Spiekerman, der die Manuskripte digitalisierte, genannt werden sollen. Was meine Wenigkeit anbelangt, so empfand ich die intensive, sich über einige Monate erstreckende Zusammenarbeit mit Prof. Norbert Leser als stets inspirierend und bereichernd, das Gelingen des Buches wurde immer mehr auch zu meinem eigenen Anliegen.

Evolutionismus und Schöpfungsphilosophie

In diesem das Büchlein abrundenden Kapitel soll versucht werden, mit einigen weiteren Gedanken zur Diskussion beizutragen. Eine erste umfassende Auseinandersetzung mit diesem Thema hatte ich bei einem AGEMUS-Symposium (23. – 24. Juni 2007) unter der Leitung des leider vor kurzem verstorbenen Dr. Gerhard Pretzmann im Naturhistorischen Museum in Wien, als ich zum christlichen Schöpfungsbegriff angesichts der Evolutionstheorie referierte. Dieser Artikel gibt einige Aspekte dieses Vortrags wieder. Was hat es mit dem Glauben an eine Schöpfung bzw. an eine Evolution an sich? Worum geht es bei der Debatte überhaupt und was bedeuten eigentlich die verwendeten Begriffe? Kann eventuell zwischen den Positionen vermittelt werden, wenn semantische Missverständnisse aus dem Weg geräumt werden? Oder anders formuliert: Können inhaltliche Differenzen überwunden werden, wenn man die vielbeschworene „gemeinsame Sprache" findet und sich zumindest auf die gleiche Bedeutung der zentralen Begriffe der Debatte einigt?

Zunächst ist festzustellen, dass dieses Thema – auch unabhängig von Medienberichten – stets aktuell ist, wie der Theologe und Alttestamentler Erich Zenger beschreibt: „… aus der Überzeugung heraus, dass die biblische Schöpfungstheologie gerade angesichts der Begrenztheit naturwissenschaftlichen Umgangs mit der Natur uns heute Vieles und Neues zu sagen hat, müssen wir uns mit den höchst unterschiedlichen ‚Welt-Sichten‘ der […] Bibel konfrontieren lassen". Also nicht der Glaube ist demnach eine eingeengte Sichtweise, sondern der sich auf die Naturwissenschaften stützende Reduktionismus. Der Glaube aber wird als Möglichkeit aufgefasst, diese eingegrenzte Sichtweise zu überwinden.

Unter dieser Begrenztheit der Naturwissenschaften versteht Zenger das Fehlen von Fragen, wie: Warum gibt es überhaupt etwas und nicht vielmehr nichts? Was ist der Grund des Anfangs? Handelt es sich um einen guten oder einen bösen Anfang bzw. um einen Unfall oder Zufall? Diese sich aufdrängenden Fragen werden von der Philosophie, d. h. dem Denken der Menschen, und den Religionen thematisiert. Die Fragen nach dem Wann, dem Wie und dem Warum führen zur Frage nach einem Verantwortlichen für das Ganze. Es geht also um das Ganze, das aber durch die modernen Wissenschaften als solches nicht thematisiert wird. Einerseits gibt es die unbestreitbaren Errungenschaften der Wissenschaften, andererseits gibt es den Vorwurf der Partikularität und Fragmen-

tierung des Wissens. Angesichts des immer detaillier-
ter werdenden Fachwissens und eines immer frag-
mentierteren und unzusammenhängenderen Weltbildes sieht sich die Philosophie herausgefordert, wieder
vermehrt als „Grundlagenwissenschaft", als einheits-
und sinnstiftende Kraft zu wirken. Die unzusammen-
hängende Fülle an fachwissenschaftlichen Einzelinformationen trägt eben nicht zu einem einheitlichen
Weltbild oder gar zu einer Ethik bei, sondern bewirkt
per se nur eine Anhäufung von Informationen, deren
Nutzen mitunter fraglich ist. Eine unendlich große
Fülle an Einzelinformationen bietet noch keinen
Überblick und führt von einem solchen oft sogar weg.
Entsprechend sollte nicht von naturwissenschaftlichen Einzelerkenntnissen erwartet werden, ein
umfassendes Weltbild bieten zu können, wie auch
Norbert Leser nicht müde wird, zu betonen.

Anton Zeilinger weist darauf hin, dass Wissenschaft und Glaube eigentlich keine Gegensätze sind,
wenngleich sie oft als solche verstanden werden. So
müssen ein von der Evolution geprägtes Denken und
der Glaube an die Erschaffung der Welt durch Gott
keinen Widerspruch darstellen. Laut Zenger impli-
ziere die Entscheidung für den biblischen Schöpfer-
gott nicht einen Glauben an eines der stetig wechselnden wissenschaftlichen Weltmodelle. Auch
Schönborn meint im oben angesprochenen Artikel:
„Die Evolution im Sinn einer gemeinsamen Abstammung kann wahr sein ...", wenngleich er ergänzt,
dass ein zielloser, ungeplanter Vorgang nicht wahr
sein kann.

Der bekannte Theologe Hans Küng meint, heute im Horizont der wissenschaftlichen Kosmologie an den Schöpfer der Welt zu glauben heißt, „in aufgeklärtem Vertrauen bejahen, dass Welt und Mensch nicht im letzten Woher unerklärlich bleiben, dass Welt und Mensch nicht sinnlos aus dem Nichts ins Nichts geworfen sind, sondern dass sie sinnvoll und wertvoll sind, nicht Chaos, sondern Kosmos, weil sie in Gott, ihrem Urgrund, Urheber, Schöpfer eine erste und letzte Geborgenheit haben".

In diesem Zusammenhang erscheint auch das bedingungslose Voraussetzen eines evolutionistischen bzw. neodarwinistischen Weltbildes im Kontext der Theologie fragwürdig. Die Präferenz der Kirche für eine bestimmte naturwissenschaftliche Lehrmeinung erwies sich immer dann als fataler Fehler, wenn diese durch eine jeweils andere korrigiert wurde, man denke beispielsweise an die bereits von Anton Zeilinger im Geleitwort angesprochene Lückenbüßergott-Problematik, wo sich der Glaube immer weiter zurückziehen muss, je mehr Wissen über einzelne Bereiche vorhanden ist. Das Denken des Menschen ist frei. Daher möchte die Philosophie keine Frage ausklammern und kann – die jeweiligen Forschungsergebnisse einbeziehend – überlegen: Was wäre, wenn sich auch die Evolutionslehre in die lange Liste jener Weltbilder einreihte, die schließlich von der Wissenschaft als unzureichend bzw. falsch anerkannt wurden? Dies mag in heutiger Zeit für viele töricht, ja verrückt klingen, doch wer hätte sich im 19. Jahrhundert vorstellen können, wie sehr sich die Evolutionslehre durchsetzen würde?

Es drängt sich gewissermaßen die Frage auf, was nun eigentlich „Evolution" ist bzw. was dieser Begriff ursprünglich und eigentlich bedeutet. In der Einleitung dieses Buches definiert Norbert Leser in Übereinstimmung mit Pierre Teilhard de Chardin die Evolution bereits als „die Ent-faltung und die Ent-wicklung eines Vorgegebenen". Tatsächlich ist das lateinische Wort EVOLVERE folgendermaßen zu übersetzen: hinauswälzen, -rollen; hinausströmen lassen; herauswickeln, -helfen; hinaustreiben, verdrängen; auseinander-, aufrollen; aufschlagen; entwickeln, klar machen, darstellen, erzählen und wird oft mit „entfalten" wiedergegeben. Es bezeichnet das allmähliche Hervorgehen eines Zustandes (meist höheren) aus einem hervorgehenden Zustande (meist niedrigeren), die *Evolutionstheorie* ist eine biologische Entwickelungslehre. Die *Deszendenztheorie* (von lat. DESCENDERE, herabsteigen, -kommen, -gehen) wird auch als *Abstammungslehre* bezeichnet und vertritt den Standpunkt, dass zwischen den Lebewesen und ihren Arten verwandtschaftliche Beziehungen bestehen. Die differenzierter und komplexer gebauten Lebewesen haben sich demnach aus einfacheren Lebensformen im Laufe der Zeit entwickelt. Daraus ergibt sich, dass nicht einzusehen ist, wieso die Entwicklung eines schon Gegebenen die Frage nach dem Wie bzw. dem Warum des Überhaupt-sein-Könnens beantworten soll.

„Schöpfung" bezeichnet in religiösen Zusammenhängen den Akt der Hervorbringung bzw. Erschaffung der Welt (Schöpfungsakt) und die so hervorgebrachte bzw. erschaffene Welt selbst (Schöpfungs-werk). Traditionell werden die Begriffe Schöpfung und Evolution konträr verstanden. Versuche, diese beiden Anschauungen miteinander zu verbinden, wollen entweder Anhängern des Schöpfungsberichtes die Akzeptanz gewisser Interpretationen naturwissen-schaftlicher Erkenntnisse zumuten. Oder Schöpfungs-gläubige kritisieren eben diese Interpretationen oder gar wissenschaftliche Fakten. Wenn man hingegen wissenschaftliche Erkenntnis für erstrebenswert hält und nicht voreilig die Möglichkeit der Existenz eines Gottes ausschließt, könnte man den Versuch einer Annäherung zwischen Schöpfungsglauben und Evo-lutionstheorie auch von einem anderen Ausgangs-punkt aus beginnen: Man versteht zunächst die Welt als gegeben. Sie ist vorhanden, könnte aber genauso gut nicht da sein. Diese Beobachtung kann zu einer Dankbarkeit und folglich zum Glauben führen.

Redlich gewonnene Erkenntnisse der Wissenschaf-ten sollen nicht in Abrede gestellt werden, sie können aber aus der jeweiligen weltanschaulichen Position heraus motiviert verstanden werden. Auf der einen Seite gibt es Menschen, die entsprechend ihrer Glau-benserfahrung forschen, auf der anderen Seite wird genau diese von vorneherein abgelehnt. Allgemein und wohl von keiner Seite zu bestreiten ist, dass es offensichtlich eine Entwicklung und eine damit ver-bundene Veränderung gibt. Auch in diesem Fall erweist sich die Frage nach der eigentlichen Wortbe-deutung als hilfreich. Was ist nun unter „Verände-rung" zu verstehen? Bemerkenswert ist, dass man verschiedene Arten der Veränderung kennt. So unterscheidet die traditionelle Philosophie eine *mutatio accidentalis* von einer *mutatio substantialis*, wie der Philosoph Augustinus Wucherer-Huldenfeld hervorhebt. Unter Substanz versteht man das Zugrundeliegende, das in sich und durch sich selbst trotz der Wechsel der Zustände und Eigenschaften Bleibende, den bleibenden Kern eines Seienden, das Beständige, was nicht durch ein anderes ist. Akzidenz wiederum steht für das Hinzukommende, Unwesentliche, Zufällige, das unselbstständige Seiende, die wechselnden, zufälligen Eigenschaften eines Dinges im Gegensatz zur beharrenden Substanz.

Eine als *mutatio accidentalis* verstandene Evolution könnte in einem vorschnellen Urteil nicht als Evolution im herkömmlichen Sinn verstanden werden, da es sich lediglich um Veränderungen der Attribute eines Wesens bzw. einer Gattung handelt. Das Wesen selbst ändert sich also nicht, lediglich eine oder mehrere bestimmte Eigenschaften. Eine als *mutatio substantialis* verstandene Evolution brächte allerdings das Problem mit sich, dass ein „selbst trotz der Wechsel der Zustände und Eigenschaften Bleibendes" in seinem Wesen verändert wird, was offensichtlich ein Widerspruch ist. Denn wie sollte etwas sich derart wesentlich verändern und trotzdem es selber bleiben?

Norbert Leser wies bereits darauf hin, dass die Qualitätsunterschiede in der Welt nicht bloß auf Quantitätsunterschiede zu reduzieren sind, ja dass vielmehr ein fertiger Seinszustand auf den Ursprung zurückgeführt bzw. auf ein Ziel hin gedeutet werden müsse. Die Evolution ist nicht als Hervortreten von etwas völlig Neuem zu verstehen, sondern als Zustandsveränderung innerhalb eines vorgegebenen Seinsbestandes.

Es scheint also als nicht zulässig, von einer „Evolution" zu sprechen, wenn im Sinne einer *mutatio substantialis* das Wesen ein anderes wird. Kann sich etwas „entwickeln", was dem Wesen nach nicht mehr es selber sein wird? Sollte man in diesem Falle nicht eher von einer „Substitution" bzw. einer „Tilgung" mit anschließender „Kreation" von etwas bzw. jemand anderem sprechen? Müsste man daher nicht korrekterweise sagen, die Evolution sei eine akzidentielle, d. h., sie bezieht sich auf etwas an einem Sein, aber nicht auf das Sein selbst? Denn eine substantielle Veränderung von etwas bewirkt, dass es nicht mehr es selbst ist, also aufhört zu sein. Eine derart grundlegende Veränderung jedoch ist keine als Abstammung zu verstehende Entwicklung mehr, sondern entspricht wohl eher dem biblischen Verständnis einer jeweils unmittelbaren Schöpfung durch Gott.

Wenn man also das Wort „Evolution" so versteht, wie es ursprünglich und eigentlich gemeint ist, so kommt man zu folgender Einsicht: Etwas schon Bestehendes ändert sich. Diese Änderung ist nicht substantiell, da das Wesen erhalten bleibt. Laut diesen Gedanken geht der Evolution also ein Entstehungsakt voraus, der das Sein überhaupt und somit auch die Entwicklung erst ermöglicht. Eine wörtlich verstandene Evolutionslehre erlaubt nicht nur die Möglichkeit, an eine Schöpfung durch etwas oder jemanden außerhalb des Seins zu glauben. Vielmehr wird der Glaube an eine Schöpfung vorausgesetzt.

Nur deshalb, weil es die Welt gibt, kann sie sich überhaupt erst entwickeln. Dass es sie aber gibt, ist nicht das Resultat einer bzw. ihrer eigenen Entwicklung. Die Welt verdankt sich also etwas bzw. jemand anderem als sich selber. Bevor es den Raum gab, ja „bevor" es eine Zeit gab, ist diese Macht immer schon und gibt die Möglichkeit des Seins bzw. das Leben. Nach dem Gesagten kann man also feststellen, dass der Glaube an eine Schöpfung durch eine göttliche Macht keineswegs ein Widerspruch zu den Erkenntnissen der Naturwissenschaft sein muss, wohl aber zu jener verengten Sicht des reduktionistischen Evolutionismus, die Norbert Leser mit diesem Buch kritisiert und nachhaltig in Frage stellt.

Neurobiologismus und Willensfreiheit

Eng verbunden mit der Frage nach dem Woher allen Seins ist auch die Frage nach dem Menschen, wer bzw. was dieser überhaupt und seinem Wesen nach sei. Auch in diesem Fall wird immer wieder versucht, mit Hilfe von vorschnellen Antworten zu einer verkürzten, reduktionistischen Definition zu gelangen. So heißt es oft, der Mensch sei „nur" dieses oder jenes, „nichts anderes als", eine Engführung, die – wie bereits andernorts erwähnt – schon Viktor Frankl wiederholt und entschieden ablehnte. Beispielsweise wird gemeint, der Mensch sei nur Materie oder nur Resultat sozio-kultureller Einflüsse oder aber nur

Resultat von evolutionären Prozessen. Der Mensch ist aber weit mehr als diese Verkürzungen und ist somit per definitionem undefinierbar, wie man pointiert behaupten kann. Jede Grenze bestimmt der Mensch durch die ihm wesenseigene Freiheit selber, weshalb das typisch „Menschliche", das den Menschen als solchen auszeichnet, offenbar genau diese Freiheit ist.

Die klassische Philosophietradition des Abendlandes verbindet die Willensfreiheit mit der Möglichkeit, moralisch handeln zu können. Laut Thomas von Aquin bedingen Vernunft und Willen einander, es gibt demnach nichts, was der Freiheit der Entscheidung widerstreitet (*„nihil est quod libertati arbitrii repugnet"*). Die Freiheit hochhaltend tätigte Jean-Jacques Rousseau die bekannte Aussage: „Der Mensch wird frei geboren, und überall ist er in Ketten." Für Immanuel Kant spielt die Willensfreiheit im Rahmen des Kategorischen Imperativs eine zentrale Rolle, da dieser einen guten Willen voraussetzt. Kant akzeptiert nur ein einziges angeborenes, naturrechtlich geltendes Recht: „Freiheit (Unabhängigkeit von eines anderen nötigender Willkür), sofern sie mit jedes anderen Freiheit nach einem allgemeinen Gesetz zusammen bestehen kann, ist dieses einzige, ursprüngliche, jedem Menschen, kraft seiner Menschheit, zustehende Recht." Jean-Paul Sartre meint, es gebe keine feststehende menschliche Natur, der Mensch sei frei und müsse sich erst selbst entwerfen. Ihm zufolge besitzt der Mensch wegen der Nichtexistenz Gottes kein vorgegebenes Wesen, das für das Existieren normativ wäre. Der Mensch habe daher unbegrenzt viele Möglichkeiten und sei verurteilt, frei zu sein. Arnold Gehlen spricht – übrigens im Anschluss an Nietzsche – vom Menschen als „noch nicht festgestelltes Tier". Trotz der unterschiedlichen, diesen Aussagen zugrundeliegenden Weltanschauungen ist ihnen dennoch die Betonung der Freiheit des Menschen wichtig.

Genau diese Freiheit wurde in jüngerer Vergangenheit erneut Gegenstand einer – mitunter heftig geführten – wissenschaftlichen, vor allem aber medialen Diskussion, wenngleich diese Argumente weit in die Philosophiegeschichte zurückreichen, man denke nur an David Hume und Arthur Schopenhauer, aber auch schon an Baruch de Spinoza. Es wird behauptet, die Willensfreiheit existiere nicht, das Handeln des Menschen sei determiniert. So spricht beispielsweise Wolf Singer von einer Erschütterung jedes Einzelnen in einem Interview, das den bezeichnenden Titel „Gekränkte Freiheit" trägt. Die Argumentation geht von dem angeblichen Umstand aus, dass das menschliche Selbstbewusstsein und die Menschenwürde durch die Neurowissenschaften gekränkt würden. Ausgangspunkt für plakative und öffentlichkeitswirksame Aussagen wie: „Wir sind determiniert", „Wir haben keinen freien Willen" und: „Die Hirnforschung befreit von Illusionen" sind die aufsehenerregenden Experimente Benjamin Libets, die laut einigen Neurologen nachweisen sollen, dass im Gehirn eines Menschen vor einer Entscheidung schon ein Bereitschaftspotential nachzuweisen sei. Also schon bevor sich der Mensch bewusst für etwas entschließt, seien es demnach Verschaltungen im Gehirn, welche die folgenden Handlungen determinieren. So meint etwa der Psychologe und Kognitionswissenschaftler Wolfgang Prinz: „Für mich ist unverständlich, dass jemand, der empirische Wissenschaft betreibt, glauben kann, dass freies, also nichtdeterminiertes Handeln denkbar ist."

Wenn der Mensch tatsächlich nicht selbst entscheiden kann und sein vermeintlich freier Wille nur das Resultat von zerebralen Aktivitäten ist, hat dies nicht nur ungeahnte Folgen für unser Rechtssystem, sondern auch für unser Sozialsystem und damit für die politische Ordnung. Nicht zuletzt bedeutet die Annahme, dass der Mensch unfrei sei, dass er auch nicht im eigentlichen Sinn moralisch handeln kann. Der Anthropologe und Moralphilosoph Arno Anzenbacher kritisiert, dass die eigenständige Bedeutung der Moral seitens der Gehirnforschung bzw. der Neurologie in Frage gestellt werde. Bewusst erlebte moralische Entscheidungen sollen demnach als „naturkausale Wirkungen oder Epiphänomene der letztlich physiko-chemischen zerebralen Prozesse" erklärt werden. Man meine zwar, frei zu entscheiden, diese Überzeugung sei aber eine Illusion.

Nun müssen die Libet-Experimente aber keineswegs unbedingt so interpretiert werden. Man kann ja auch zu anderen Schlüssen kommen, wie z. B., dass das Bereitschaftspotential sich ja deswegen aufbaut, weil die Teilnehmenden am Experiment ohnehin schon wissen, dass sie bald auf eine ihnen bekannte Weise reagieren sollen. Sie brauchen sich also nicht gemäß ihrem freien Willen für die eine oder die andere Handlung selbst zu entscheiden, sie müssen nur die vorgegebene Aufgabe erfüllen. Immerhin verstand Libet sein Experiment auch anders und ging nicht davon aus, dass damit die menschliche Willensfreiheit bezweifelt werden könnte.

Zusammengefasst kann gesagt werden, dass der Versuch der Leugnung ihrer Existenz damit zu tun hat, dass die Freiheit nicht bewiesen werden kann. Der Philosoph Karl Jaspers, der ursprünglich Mediziner und Psychiater war und sich auch als Psychologe bleibenden Ruhm erwarb, erwartet auch nicht den empirischen Nachweis der Willensfreiheit im Gehirn oder sonst wo im menschlichen Körper. Dennoch hält er an der Freiheit fest und „erwidert" den modernen Hirnforschern, allerdings zeitversetzt einige Jahrzehnte früher, und zeigt damit, dass es sich bei der gegenwärtigen Debatte keineswegs um etwas Neues handelt: „Eine Grunderfahrung des Erkennens lenkt uns auf den Weg: wir können zwar durch keine Forschung, kein wissenschaftlich zwingendes Wissen, keine empirische Untersuchung den Nachweis erbringen, dass es Freiheit gibt – aber wir können auch ihr Nichtsein nicht beweisen. Der Nachweis der Freiheit erfolgt nicht durch ein Wissen, sondern durch die Tat, aber nicht durch irgendeine einmalige Tat, sondern durch das Tun aller Tage, durch die Existenz des einzelnen Menschen, der dadurch erst mit dem anderen in eine echte, freie Gemeinschaft gelangt."

Dies verhält sich ähnlich wie mit der Gottesfrage: Man kann Gott zwar nicht beweisen, doch seine

Leugnung führt zu bedenklichen und nicht logisch zwingenden Konsequenzen, wie auch Norbert Leser umfangreich nachzuweisen bemüht ist. Dazu passt, was der als einer der Gründerväter der modernen Naturwissenschaften geltende Francis Bacon meint: „Ein wenig Philosophie macht jemanden zum Atheisten, eine gründliche Philosophie führt ihn zur Religion zurück." Auch der amerikanische Physiker und Nobelpreisträger Arthur H. Compton stößt in dasselbe Horn, wenn er sagt: „Weit entfernt davon, im Konflikt mit der Religion zu sein, ist die Wissenschaft zum Verbündeten der Religion geworden. Durch bessere Einsicht in die Natur lernen wir auch den Gott der Natur besser kennen und die Rolle, die wir in dem Drama der kosmischen Welt spielen." Und Jean-Jacques Rousseau meinte: „Ich denke über die Weltordnung nach, um sie unausgesetzt zu bewundern und den weisen Schöpfer anzubeten, der sich in ihr offenbart."

Warum gibt es dann aber Atheismus auch unter Naturforschern? Dazu sei wieder Francis Bacon angeführt: „An Gott glauben nur die nicht, die ein Interesse daran haben, dass es keinen geben möchte." Daher kommt auch der schon von Leser erwähnte Atheist und sogenannte „böse Philosoph" Denis Diderot nicht umhin zu bekennen: „Das Auge, der Flügel eines Schmetterlings genügen, um einen Gottesleugner zu zermalmen."

Die Ablehnung des Reduktionismus hingegen führt noch nicht notwendig zu einem in sich konsistenten, widerspruchsfreien Weltbild, das Aufzeigen der Widersprüche kann aber helfen, Unklarheiten und Missverständnisse auszuräumen. Der „Wissenschaftsaberglaube" bzw. Szientismus mache autoritätshörig, wie Jaspers kritisiert: Man wolle eigentlich nicht wissen, sondern gehorchen, weil dies bequemer sei. Man fühlt sich an Martin Heideggers bekannten Vorwurf erinnert, die Wissenschaft denke nicht. Es ist tatsächlich nicht Aufgabe der empirischen Wissenschaften, Grundfragen zu stellen oder diese gar mit Hilfe ihrer reduktionistischen Methode zu beantworten zu versuchen. Ein Arzt soll gemäß seiner ihm wesenseigenen Aufgabe zur Heilung eines jeweils konkreten Menschen beitragen. Die Warumfrage ist im Akutfall genauso fehl am Platz wie die Grundfrage nach dem Wesen und der Bestimmung des Menschen. Diese Art des Fragens könnte sogar tödlich enden, falls ein Arzt in einer Notsituation ganz in Gedanken vertieft seine eigentliche Aufgabe als Lebensretter vernachlässigt. Wenn er diese Frage – unter günstigeren Bedingungen – trotzdem stellt, hat er den eigentlichen Aufgabenbereich der ärztlichen Wissenschaft verlassen, wie es Karl Jaspers und Viktor E. Frankl auf je unterschiedliche Weise vorgezeigt haben.

Die Biologie stellt die Frage nach dem Was und dem Wie des Lebens, die Physik jene nach den Körpern und der Bewegung und die Chemie jene nach der Zusammensetzung des Stofflichen. Die Frage nach dem Warum überhaupt und dem Wer im Sinne einer Urheberschaft bleibt – wie schon angedeutet – ausgeklammert. Diese Ausklammerung entspricht der bewussten Entscheidung der Wissenschaften, empirisch

vorzugehen und nur den jeweils konkreten Gegen-
standsbereich zu untersuchen, weshalb man vom frei-
willigen Reduktionismus der Wissenschaften spricht.
Diesem Reduktionismus ist der Fortschritt in den einzelnen Disziplinen zu verdanken, weshalb er in sich
wünschenswert, aber keineswegs zureichend ist. So
wie die Wissenschaften einander brauchen, bedarf es
auch der „überwissenschafltichen" Grundlage, die
die Philosophie bieten kann. Die Schwierigkeiten der
Wissenschaften liegen nicht an den durchaus berechtigten, ja sogar wünschenswerten unterschiedlichen
Meinungen bzw. Forschungserträgen zu einzelnen
Themen, sondern am meist fehlenden denkerischen
Zusammenhang. Wie Norbert Leser wiederholt
gezeigt hat, ist die Philosophie nicht „unwissenschaft-
lich", sie anerkennt die Ergebnisse der empirischen
Forschung und lehnt mit den Reduktionismen nicht
die Wissenschaften, aus denen sie sich jeweils wegent-
wickelten, ab. Sie geht aber umfassender vor, als es
die einzelnen Disziplinen jeweils vermögen, und ist
daher nicht allein mit den Methoden dieser Disziplinen zu verstehen.

Der Philosophie als Grundlagenwissenschaft soll
es aber nicht nur um einen Überblick und eine Interpretation der unterschiedlichen wissenschaftlichen
Ergebnisse gehen, sondern auch um das daraus sich
ableitende Sollen, das Gute, um die Moral, die jede
menschliche Handlung und somit auch die Forschung
auf ihre Motive und Ziele hin prüft. Ist es das Ziel der
Wissenschaft, immer Neues zu erfinden, um in die
Medien und zu Geld zu kommen – Stichwort „Dritt-

mittel lukrieren" –, oder geht es um ein höheres Ziel? Wissenschaft, die diesen Namen auch verdient, weil sie sich nicht durch Reduktionismen zurückhalten lässt, wirkt umfassend und hat auch ein übergeordnetes Ziel im Blick, nämlich das Gute, das zum Gemeinwohl, also zu Solidarität und Gerechtigkeit, zur Wahrung der Menschenwürde, zu Frieden, Ausgleich und Nachhaltigkeit beiträgt. Der Einheit von theoretischer und praktischer Vernunft entspricht eine Einheit von Wissenschaft und Ethik, von Freiheit und Verantwortung. Der Reduktionismus in seinen verschiedenen Ausprägungen bekämpft aber diese Einheit und bietet daher keine Hilfe in lebenspraktischen Belangen, da er die Frage nach dem ethisch Richtigen, dem Guten, ausklammert, ja sogar die Möglichkeit einer entsprechenden Frage ausschließt. Die Wissenschaft ist hingegen frei, sie braucht und darf keine Fragen ausklammern, ihre Erwartungshaltung und ihr Ziel sollen aber nicht nur kurzfristig angelegt sein, sondern verantwortungsbewusst.

12. Personenverzeichnis
zusammengestellt von Paul R. Tarmann